全国高等职业教育“十三五”规划教材
中国电子教育学会推荐教材
全国高等院校规划教材·精品与示范系列

# 大学生创新创业指导实务

李红梅　赵　婷　主编

電子工業出版社
Publishing House of Electronics Industry
北京·BEIJING

## 内 容 简 介

本书按照国务院关于深化高等学校创新创业教育改革的最新精神，结合近几年高校教学实践成果进行编写。全书以一个名为“曲歌”的大学生从入校认识大学起，到接触创业、萌发创业想法、寻找创业机会、启动创业计划、正式创业等环节为主线进行介绍。具体内容包括：认知——学业与创业、组队——兴趣与合作、探索——机会与风险、规划——梦想与机遇、筹资——预算与融资、经营——开办与管理、创新——互联网与创业等。本书以提高创新意识和创业能力为目标，以故事分享、技能训练和阅读材料为拓展，将课程知识与思维创新融于一体，有利于丰富课堂教学及训练学生能力。

本书为高等职业本专科院校创新创业或就业指导课程的教材，也可作为开放大学、成人教育、自学考试、中职学校、培训班的教材，以及自主创业人员的参考书。

本书提供免费的电子教学课件等资源，详见前言。



图书在版编目（CIP）数据

大学生创新创业指导实务/李红梅，赵婷主编. —北京：电子工业出版社，2019.6
全国高等院校规划教材. 精品与示范系列
ISBN 978-7-121-36588-1

Ⅰ. ①大… Ⅱ. ①李… ②赵… Ⅲ. ①大学生－创业－高等学校－教材 Ⅳ. ①G647.38

中国版本图书馆 CIP 数据核字（2019）第 096791 号

责任编辑：陈健德（E-mail：chenjd@phei.com.cn）
文字编辑：张思辰
印　　刷：北京七彩京通数码快印有限公司
装　　订：北京七彩京通数码快印有限公司
出版发行：电子工业出版社
　　　　　北京市海淀区万寿路 173 信箱　邮编 100036
开　　本：787×1 092　1/16　印张：9.75　字数：249.6 千字
版　　次：2019 年 6 月第 1 版
印　　次：2023年6月第2次印刷
定　　价：35.00 元

凡所购买电子工业出版社图书有缺损问题，请向购买书店调换。若书店售缺，请与本社发行部联系，联系及邮购电话：（010）88254888，88258888。

质量投诉请发邮件至 zlts@phei.com.cn，盗版侵权举报请发邮件至 dbqq@phei.com.cn。

本书咨询联系方式：chenjd@phei.com.cn。

# 前　言

在新形势下加强大学生创新精神和创业能力的培养，关系到高等教育综合改革背景下高校毕业生能否更高质量地创业就业，关系到国家创新驱动发展战略，也关系到国家经济提质增效升级。党的十八大对创新创业人才培养做出了重要部署，国务院也对加强企业创新创业教育和深化高等学校创新创业教育改革提出明确的要求。

许多高等院校已响应国家号召，组织开设创新与创业课程，举办各种创新技能大赛，组建校园商店，成立模拟公司等一系列活动。主旨是为学生提供创业体验的平台，将学生专业技能的培养与创新创业相结合，为大学生顺利就业和自主创业打好基础。为更好地开展大学生创新和创业能力的培养，我们结合近几年高校教学实践成果编写了本书。

本书贯彻国家有关创新创业教育改革的方针政策，立足高校实际，既有理论认知，又有技能训练，融理论、实践、趣味和思维创新于一体。全书以一个名为“曲歌”的大学生从入校认识大学起，到接触创业、萌发创业想法、寻找创业机会、启动创业计划、正式创业等环节为主线进行介绍。具体内容包括：认知——学业与创业、组队——兴趣与合作、探索——机会与风险、规划——梦想与机遇、筹资——预算与融资、经营——开办与管理、创新——互联网与创业等。

在编写形式上，本教材每个情境均以创业导师语录开篇，以“曲歌”的阶段需求为情境导入，以理论传递为主干，以故事分享、技能训练和阅读材料为知识能力拓展，既激发了学生的学习兴趣，便于学生理解、掌握相关的知识和技能，也有利于丰富教师课堂教学的内容和形式，把提高创新意识和创业能力的目标贯穿于整个学习过程中。

本书的编写人员既有高校创新创业教育一线教师，也有企业兼职导师。本书由广西工商职业技术学院李红梅、赵婷主编，编写团队成员包括蒙晓旺、李丹、黄旭艳、周鹏程、覃田、孙晓宇、黄雅璐、胡娟、刘结玲、闭闲、刘岳恒、张斌、蓝俏媛等。在编写过程中，得到北京赛云九洲科技股份有限公司辛世伟总经理团队以及浙江太源堂健康产业有限公司张丽娟总监创业团队给予的大力支持，同时也参考了大量资料，并从公开发表的书籍、报刊和网站上选用了一定的案例和资料，在此一并表示衷心的感谢。

由于编者水平有限，编写时间仓促，书中疏漏与不妥之处在所难免，敬请有关专家和读者批评指正。

本书配有免费的电子教学课件等资源，请有此需要的教师登录华信教育资源网（http://www.hxedu.com.cn）免费注册后再进行下载。扫一扫书中的二维码可下载阅看相应内容的教学资源。如有问题请在网站留言或与电子工业出版社联系（E-mail：hxedu@phei.com.cn）。

编　者

# 目 录

# 学习情境 1

## 认知——学业与创业

**创业导师语录** 走进大学校园，全新的环境、全新的生活、全新的起点在等待着你。与中学时代相比，大学时代自身的角色和地位发生了很大变化。每位大学生应该对大学的学习生活有明确的认知和规划，应尽快地适应新的环境、新的生活、新的起点，完成角色转换，合理规划生活，准确认知专业学习，开启人生新的篇章。

**情境导入** 曲歌告别了每天“冲锋陷阵”式的中学时代，离开了常在身边嘘寒问暖的家人，踏入了被称为“象牙塔”的大学校园。面对扑面而来的各种信息，曲歌突然感到有些迷茫了。

曲歌这个阶段需要做的事情是：

（1）认知大学生活；

（2）认知专业学习；

（3）接触创新创业教育。

理论
阵营

# 任务 1.1 了解大学生活与职业生涯规划

## 1.1.1 大学生活与学习目标

在大学里，云集了五湖四海的莘莘学子。大学是传递高深知识的殿堂，也是大学生梦想绽放的舞台。与之前的学习生涯相比，大学有所不同。什么是大学？应该怎样认识大学生活？如何合理规划大学生活？这些问题应成为每一个步入大学殿堂的学子需要认识和了解的事。

所谓大学，就是实施高等教育的学校，包括综合大学和专科大学、学院，是培养多层次专门人才的地方。无论是处在“精英教育”阶段还是“大众教育”或“普及教育”阶段，在人们的心目中，大学始终是人类文明和社会发展水平的重要标志。

### 1. 大学生活的变化

跨进大学校门，如同拉开了人生舞台中新的一幕，从此你便拥有了一个令人羡慕的新角色——大学生。在这里，正确认识大学生活，熟悉适应新的环境，尽快完成角色转换，是大学生“舞台演出”获得成功的关键之一。

1）认识大学与中学的区别

大学时代不同于中学时代，主要表现为以下几点：

（1）社会角色不同。中学时期大多数人是学习尖子，担任一定的职务，进入大学后，发现新环境中人才荟萃，大多数学生可能成为不担任职务的普通学生。

（2）学习状况不同。学习内容方面，中学阶段一般学习 10 门左右的课程，教师讲授的知识较为基础，而在大学 3～4 年间需要学习的课程在 30 门以上，学习任务比中学更加重要。在学习方法上，中学一般是教师带领学生一起学习，但大学则提倡学生自主学习，不采用题海战术和死记硬背的方法，同时鼓励学生参与丰富多彩的课外科研活动；教师授课方法方面，中学教师一般是“手拉手”领着教，主要通过黑板讲授，而大学教师多用投影机、多媒体授课，讲授内容上是重点难点较多，授课进度比较快，抽象理论内容较多，课堂讨论部分较多，课外答疑较少，参考书籍较多，课外习题较少；学习场所安排方面，中学有固定的教室、固定的座位、固定的同学，大学则没有固定的教室，可能会有不同专业的同学与自己一起上课，上自习需要自己找教室，或者在图书馆、实验室学习。

（3）生活方式不同。在中学阶段，学生在家人身边，有依靠，生活有家人管理；在大学阶段，学生离开家人，没有依靠，比较自主，生活主要靠自理。

（4）行为管理方式不同。在中学，以教师、家长管理为主；在大学，以自我管理为主。

（5）人际交往对象不同。在中学，主要是未成年人间的交往，交往对象的范围小，交往不够成熟；在大学，主要是成年人间的交往，交往对象的范围大，交往趋于成熟。

（6）思维方式不同。中学生作为未成年人，思维方式欠成熟，有局限性，不全面，易感情用事；大学生作为成年人，思维方式较成熟、全面，较理性，情绪自控水平较高。

（7）奋斗目标不同。在中学，是为了如愿考上一所大学而寒窗苦读；在大学，则是为了成为一名合格的大学生，一名适应社会需要的高级专门人才而努力奋斗。

2）找准大学生的角色定位

历经多年的寒窗苦读，从幼儿园、小学、初中、高中直至大学，人生的阶段在发生着变化，学到的知识在逐渐增加，个人的角色定位也应随之变化，我们应成为：

（1）勇于承担历史使命的青年人。实现中华民族伟大复兴是中华民族近代最伟大的中国梦，因为这个梦想凝聚和寄托了几代中国人的宿愿，它体现了中华民族和中国人民的整体利益，是每一个中华儿女共同的期盼。历史告诉我们，我们每一个人的前途和命运，都是和这个国家、民族的前途和命运密切关联的。青年强则国强，青年立则国立，作为高校的青年大学生，只有把自己的热情、激情、活力投身于中国特色社会主义伟大事业之中，才能让青春焕发出绚丽的光彩。

（2）践行社会主义核心价值观的模范。社会主义核心价值观是社会主义核心价值体系的内核，体现了社会主义核心价值体系的根本性质和基本特征，为引领社会思潮、凝聚社会共识、齐心共筑中国梦提供了价值指引。大学生作为朝气蓬勃的群体，是国家和民族的未来与希望，应高度认同社会主义核心价值观，并成为践行社会主义核心价值观的模范。

（3）未来国家建设的中流砥柱。大学生是国家的栋梁之才，其作用的发挥与中华民族的振兴密切相关。在中国革命、建设和改革事业波澜壮阔的接力历程中，一代又一代大学生奉献了青春、智慧和热血。而大学生作为一个朝气蓬勃、对知识不断吐故纳新的群体，也应该以更为开放的眼光看待人和物，积极学习，跟上时代发展的节奏，为国家建设贡献力量。

## 2. 大学的学习目标

学习作为大学生的“正业”，是大学生的责任和义务。通过学习，大学生能够获得未来社会和职业所要求的知识、技能和能力，适应现代社会的需要，完善自己的人格。正确认知大学学习的目标成为大学生成长成才的重要保证，而建立明确的学习目标，是大学生学习的前提，是提高学习积极性、自觉性和效率的关键。高尔基曾指出：“一个人追求的目标越高，他的才能就发展得越快，对社会也就越有益。”当前，大学生的学习目标呈现出多元化趋势，有人为实际工作做准备，有人为进一步深造做准备，有人为理论研究做准备。但也有一些学生的学习目标趋于功利化，面对这一现状，大学生需要不断提高道德修养水平，学习和坚持正确的社会主义义利观，牢固树立正确的学习目标。

1）认清环境，尽快熟悉和适应大学生活

许多新同学刚进入大学时常感到手足无措、无所适从。认识与了解一所大学，需要有正确的方法，不能仅凭入校前的有关资料，也不能只看入校后的第一印象。首先，我们应从认识和熟悉环境开始。就校内环境而言，主要是学习与生活的环境，如教室、实验室、图书馆、医务室、学院或系学生办公室的地理位置，以及大学上课、借阅图书、公寓管理的规定等；就校外环境而言，主要是对周围的社情、治安、交通，以及学校所处的位置做出了解。其次要对大学有基本的认识。大学是实施高等教育的机构，具有人才培养、科学研究和服务社会三大职能。对大学的认识，不仅要了解学校的校园建筑、绿化布局、师资力量、教学仪器设备、体育运动场馆、学生公寓、后勤服务设备等硬件设施，还应感受和体验学校的历史文化、校园精神、管理水平、科研成果、校风校纪、人际关系等软实力水平。因此，认识与了解大学生活需要一个过程，要全面、正确和客观地进行认识。

2）认清专业，建立对专业的信任感

由于许多大学生在入学前对众多的专业并无深入了解，选择志愿时有较大的盲目性，再加上有些学生被录取的专业与选择填报的志愿又不尽一致，因而影响了一部分大学生入学后对学习的积极性。为了更好地适应并投入到专业的学习中，一方面需要学生建立专业信任感，另一方面要全面了解所学专业，了解自己的专业背景、学科特色、社会定位、培养模式、师资队伍、科研水平、课程设置、教学计划、就业方向、发展前景等情况，充分认识自己专业的特点和社会对本专业人才的需求。在此基础上，逐渐培养和产生对自己所学专业的热爱，树立对未来专业学习的信心，激发学习动力，进而以积极的态度投入到专业学习中。与此同时，要培养专业兴趣和情感，在侧重本专业知识的同时，广泛涉猎各学科领域，进而形成合理的知识结构，做到既有专长又有较大的知识面，以适应社会对人才的需求。

3）认清自我，明确自身的学习能力

学习目标的确立需要紧密结合自身的实际和能力，应做到具体、适当，结合教师的指导而实现。心理学认为学习目标存在一个“最近发展区”，“具体”是指可将学习目标设立为近期目标和中长期目标。只有确立具体学习目标，学习才有一定的约束力。“适当”是指学习目标不宜定得过高或过低。学习目标过高，学习压力大，容易产生学习焦虑、心情紧张，难以实现目标；学习目标过低，学生学习容易受无关因素干扰，导致学习不专心。只有具体、适当地设立学习目标，学生才能看清自己的优势和不足，并通过努力获得成功，提高自我效能感并认可自己。因此，大学生要客观地认识自我、评价自我，同时，要尽量避免接受各种不良信息和负面信息，要学会欣赏自己，善于发掘和发展自己的优势，并结合自身的实际情况合理制定学习目标和学习计划，达到事半功倍的效果。

4）认清未来，学会调整以适应未来的发展需要

在确立学习目标的过程中，要结合实际情况和教师的指导，对未来的发展趋势有正确的认识和评估。在实施学习目标计划前，要对将会出现的困难进行充分估计，以便在实施过程中根据各种信息和社会经济发展趋势以及自身实际条件和个性特点进行正确判断，从而迅速调整或改变原来的学习目标，使学习目标更有指导性、科学性、可操作性和实用性。教师应引导学生确立适合社会发展需求、适合专业发展、符合自身实际情况的学习目标，对大学的学习和生活做全面、系统的安排部署；学生要对大学的各类资源进行充分利用，积极按照学习目标和计划不断努力和积累，为今后工作打下良好的基础。

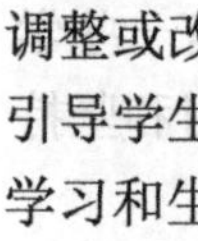

**故事分享1 “95后”大学生刚入学就开始创业**

缪成宇，是一位“95后”，曾是湖北师范学院艺术设计专业学生，在大一入校不到三个月便开始创业，登记注册了营运资金达15万元的广告公司。

其实，他在大一时，与大多数同年级同学一样，没有明确的目标。面对不熟悉的校园、不熟悉的人，以及不紧凑的课程安排，觉得有些迷茫和无所事事。

为了充实自己的生活和获得更多锻炼的机会，缪同学加入了学生会和三个其他社团组织。接下来的日子，他极为忙碌，但他很快就意识到他所追求的不仅是让自己忙起来，而是在大学四年中，积累足够丰厚的资本。

由于四个社团的活动时间协调不开，缪成宇衡量后放弃了其中的三个社团组织，选择留在自己最喜欢的创业服务中心。因为这一决定，缪成宇在随后的日子里认识了许多在校创业的学长学姐。随着对学校创业服务中心工作的渐渐了解，缪成宇发现学校对学生创业的扶持力度很大，也有不少相关利好政策，他便萌生了自己创业的念头。入学仅三个月的缪成宇在学校的帮助下，入驻了该校的大学生创业基地，并登记注册了自己的广告公司。由于小单子的利润太低，缪成宇在公司成立之后开始尝试承接企业和事业单位的业务，希望能够接一些大单子。由于公司知名度不高，自己又是一个学生，缪成宇去很多单位送方案时都会被工作人员当成推销员，甚至遭遇过“方案直接被扔在地上”的尴尬事。提起这些，缪成宇并不灰心，“创业嘛，肯定都会经历这种事情，现在想想，这些经历都是财富，至少我的脸皮现在是越来越厚了”，缪成宇创业的感受值得有梦想的大学生体会和借鉴。

（资料来源：致富吧 http://www.zhifuba.cc/daxueshenggushi/1676.html）

**启示**：每一位刚走入大学校门的学子都会经历从高中到大学的转变过程。进入大学，展现在新生面前的是大量的新情况和新问题，在面对这些挑战时，学会适应是大学生必须要完成的发展任务，学会适应是大学生活的第一课。

### 1.1.2 专业学习的作用与基本方法

什么是专业学习？专业基础知识、专业核心知识及技能和专业前沿知识，是构成大学生专业知识结构的重要因素。专业学习就是学生对自己所学专业的各类知识进行高深化和精细化的学习。

#### 1. 专业学习在人生中的作用

专业学习对学生专业知识的学习、专业技能的培养、未来的就业创业以及学生的全面发展和健康成长起着重要的作用。

1）有利于学生学习和掌握专业知识

大学的课程按照课程编排方式一般分为专业基础课、专业核心课和公共基础课。其中，专业基础课是和专业基本原理、专业知识和专业技能直接相关的基础课程，是决定学生专业知识面宽度和今后对工作适应程度的关键因素，起着承上启下的作用，一般被看做是大学生的看家本领。如经济学专业学生所要学习的政治经济学、宏观经济学、微观经济学、世界经济概论、会计学、统计学等课程。专业核心课是为培养各类人才而设置的在业务上有特殊要求的课程，也是专业知识和专业技能的重点课程。专业核心课是从事未来工作最直接、最实用的知识课程，并具有一定的深度和难度。通过学习专业基础课和专业核心课，能够让学生学习和掌握本专业必备的专业知识，了解本专业领域内科技发展前沿的最新知识和技术。

2）有利于培养学生的专业技能

大学的专业学习一般围绕理论教学和实践教学两种形式开展，二者相互联系，相辅相成。通过理论教学能够让学生获取知识，使学生拥有扎实的功底、广博的视野和合理的知识结构。在理论学习的基础上，通过实践教学能够进一步锻炼学生的能力，学会如何灵活运用所学知识和理论，练就在各种实践活动中能不断提供具有效益价值的新方法和新发明的能力。目前，国内很多高校以社会需求为导向，以专业建设为龙头，优化知识结构，强化能力培养，注重素质提高，面向行业，立足地方，加强产教融合，完善育人新机制。开展多种形式的职业道德和职业操守教育，顺应职业需求，将职业资格标准融入到教学计划、课程、教材以及教学的各个环节中，以此让学生掌握从事职业活动所需的专门技能和专业知识。许多高校还会突出实践锻炼，把技能培训和实践教学环节放在突出位置，注重培养学生的操作能力，以此培养和造就有社会责任感、有创新精神、有实践能力、有发展后劲的高层次专门人才。

3）有利于学生未来开展就业创业

就业是民生之本，关系到每一个家庭的福祉，也是经济发展的重要支撑。而大学生的专业素质也已成为现代企事业单位选人用人的重要标准之一。专业素质好、学习和适应能力强，品行端正、态度积极，遇到问题能看到本质并及时调动自己制定出可行方案的大学毕业生会更加受到社会的欢迎。此外，大学生作为未来我国人口的主体，是引领我国创新创业、经济转型升级并使我国成为创新型经济体的主力军与希望。大学生通过专业学习有助于培养良好的专业素质、实践能力，能够对行业里的前沿问题、最新技术有较为深刻的认识，具有较好的研发能力和发展潜力，为创业奠定良好的专业基础。因此，面对比较严峻的就业形势，大学生应看到乐观的前景，要学好专业、用好专业，要培养良好的专业素养和本领。

4）有利于学生全面发展和健康成长

大学生的全面发展，直接影响着社会主义现代化建设的进程和参与国际竞争的能力，培养富有创新力、竞争力、合作力并且综合素质高、能力强的人才为我国高等教育的目标。而专业素质作为培养学生综合素质、全面发展的必然要素，以专业学习促进专业素质提升，以专业素质带动学生全面发展，已经成为时代发展和学生成长成才的必然途径。教师应充分尊重学生的个性特点，因材施教，利用模拟、案例、角色扮演等教学手段丰富教学内容，让学生在学习专业知识的同时，潜移默化地将课堂内容内化为自身的专业素质。通过开展课外专业实践活动，形成理论与实践互动的促进机制，促进学习的深入、创新的活跃、应用的广泛，提升大学生的创新力、竞争力、合作力，充实学生的综合素质，从而促进大学生的全面发展和健康成长。

**2. 提升专业学习的基本方法**

专业学习在人的一生中发挥着不可替代的作用。专业课作为培养高等专门人才的重要渠道，不仅为学生未来的工作直接提供所需的理论和实践知识，培养本专业的前沿意识，而且能为学生从事本专业实际工作训练所需的技术和管理能力，跟踪专业领域不断发展的学习和研究能力。要想充分发挥专业学习的作用，需要从学习和探究专业学习的方法着手，主要包括以下几个方面。

1）科学对待专业核心课

专业核心课是为培养各类专门人才而设置的，具有一定的深度和难度。当前我国普通高等学校教学计划中对专业核心课设置的基本要求是：既要体现专业培养目标的要求，又要体现专业自身的特点和办学特色，与生产、科研、社会各方面联系紧密，能触及学科前沿。因此，专业核心课在专业学习中占据着重要的地位。但目前，在很多大学生中，存在着不知道怎样学好专业核心课，甚至不重视专业核心课学习的现象。为进一步认识专业核心课以及学好专业核心课，学生们应学会及掌握学好专业核心课的基本方法。

第一，合理安排时间。大学时光短暂而美好，对于大学生来说，如何合理安排时间，如何将专业学习与课余生活合理规划，是需要解决的首要问题。时间运筹的艺术是无止境的，首先要对时间有正确的认识，无论是“无聊”“迷茫”还是患有“拖延症”的大学生，他们都缺失了对时间的正确认识。无论时代怎样发展、社会如何进步，一天都只有24小时，“不积跬步，无以至千里；不积小流，无以成江海。”凡事要从现在做起，学会从整体上合理运筹大学时间，善于利用零星时间，才能圆满地完成学习任务、过好大学生活。

第二，学会使用参考书。大学生需要掌握的基本技能之一就是利用图书馆查阅相关书籍，而参考书则是必不可少的辅助工具。随着时代的发展进步，各类知识也随之发展，专业课知识虽然核心部分相对稳定，但随科学研究的日新月异，每一科学的新进展都将引起理论的新发展。教科书由于出版周期等原因，可能不能及时跟踪科技发展的步伐。另外，专业课知识具有一定的理论深度和难度，所以需要适当地阅读参考书和参考资料，以了解本学科发展的新动态，补充新知识。需要注意的是，学生们需要学会选择参考书，一方面要了解图书馆和资料室的藏书情况，学会在纷繁复杂的藏书中，找出自己需要的参考书和参考资料；另一方面，除了听取专业课教师和高年级学生的建议外，要根据自己的阅读和理解能力，选择适合自己的参考书来读，通过比较，博采众长，结合自己的思考，学好专业课。

第三，正确认识大学作业。大学作业的表现形式多种多样，如完成课后习题、写论文、做实验、参加课堂讲座、课程设计及毕业设计等。这些作业不仅可以总结学生所学专业理论，训练学生在实际问题上综合运用的能力，考查并培养学生分析问题、解决问题的能力，了解和提高学生的创新精神和创新能力，也可以进一步检验和改进学生的学风和工作作风。目前一些大学生存在轻视作业的现象，中国青年报社会调查中心曾经通过民意中国网和搜狐新闻中心对2340人进行的一项调查显示，82.7%的人认为当前大学生作业抄袭现象普遍，其中45.5%的人感觉“非常普遍”。为改善和解决这一问题，需要从多方面入手，一方面学生应该端正态度，认真完成大学作业，积极向教师请教；另一方面教师应做到因材施教，关心学生，及时解答学生疑问。总之，应充分发挥大学作业的作用，结合对大学生教育培养的全面要求从多方面进行分析、评判，从整体上反映和体现大学的教学、学习状况，提高学生的学习质量。

2）*掌握学习规律和方法*

专业学习一般包括预习、听课、课后复习和小结等几个关键环节，掌握学习规律和方法，抓住关键环节，是大学生做好专业学习的重要保证。

第一，课前预习。著名教育家叶圣陶先生曾指出：“学生通过预习，自己阅读课文，得到理解，当讨论的时候，见到自己的理解与讨论的结果正相吻合，便有独创成功的快感；或者见到自己的理解与讨论结果不相吻合，就作比量短长的思索；并且预习的时候绝不会没有困惑，困惑而无法解决，到讨论的时候就集中了追求解决的注意力。这种快感、思索与注意力，足以鼓动阅读的兴趣，增进阅读的效果，有很高的价值。”可见，培养预习这一良好习惯非常重要。大学的专业知识比较高深，做好课前预习是提高听课效率的一个有效方法。对于大学生来说，通过课前预习，能够初步了解新课内容中的疑点和难点或提出更深入的问题，听课时就能把注意力集中到这些问题上。对预习中不懂的地方，听课时加以注意，理解就会更为深入和透彻。课前预习不能过粗，否则会导致泛泛而读，达不到学习效果；课前预习也不要过细，否则会占用大量学习时间而影响其他学习环节的投入。因此，应坚持适度原则，做好课前预习，培养学生的自学习惯和自学能力，有效提高学生独立思考问题的能力，获得课堂学习的主动权，从而达到优化课堂整体结构以至优化课堂细节的作用。

第二，听课和记笔记。大学课程的学习，并不一定是完全按照课本而讲，大多是围绕课本的核心内容，对课程内容进行一定的补充和取舍，因此，这就要求大学生在专业学习的过程中专心听讲，对自己不清楚的地方可以通过请教老师解答或是参考学习资料进行理解，对老师课堂补充的内容融会贯通，听课期间需要学会记笔记。学生借助笔记可以有效地控制自己的认知加工过程，有助于更好地学习新的知识和建立新旧知识之间的关系。做笔记时，要尽量抓住重要观点，尽可能记下有意义的概念和要点，这比记下详细例子更重要。在这其中，也可以使用一些缩写和自己明白的符号代码来进行记录。此外，需要注意的是，记笔记并不意味着要忙于做笔记而疏于听课，而应通过记笔记，提高和集中学生的注意力，组织自身的逻辑思维，同时为课后复习奠定良好的基础。

第三，课后复习。在课后复习时，需要进一步整理笔记，将专业知识进一步深化和系统化。在整理笔记的过程中，要找出主要观点并标注出来，然后在回忆栏写下关键词或短语，用自己的话归纳出关键词，这实际上是大脑对听课内容的组织和构建，是增强记忆的过程，同时也是复习的过程。在复习时，一要注意及时性，心理学的艾宾浩斯遗忘曲线显示，复习越及时，记忆痕迹就能越及时地得到强化和巩固，减少遗忘程度；二要注意带着问题复习，要敢于质疑和提问，在复习和思考的过程中，带着问题虚心请教，及时发现问题和解决问题，通过质疑和提问，不仅能解决自身面临的难点，弄清许多原来不懂的问题，而且能节约苦思冥想的时间，锻炼和提高思维能力。

第四，阶段小结。所谓“书越读越厚，又越读越薄”，其关键点就在于学生将所学知识进行积累汇总，经过加工后，融会贯通形成自己的知识内容。在每学完一个阶段后，及时进行阶段小结，可以通过列提纲、图形法和表格法等方法，将阶段性新的、零散的知识与原有的知识整合构建成一个有结构的知识群。小结要在复习、掌握知识的基础上进行。在做小结时，不能只拘泥于局部，必须从整体上掌握所学内容，抓住知识与知识间的内在联系。需将每一阶段的小结整理汇总后，再逐步融合成专业学习的整体总结，进而对已学到的专业知识有全景式的把握。以此把书本和老师讲授的专业知识内化为自己的知识，组织构建符合自身实际和特点的专业知识网络，这一过程也可以阐述为“学习—总结—提高—再学习—再总结—再提高”的一种循环往复式促使学生知识系统不断丰富和提高的过程。

*3）积极参加实践活动*

马克思主义理论认为“实践是检验真理的唯一标准”，任何理论都要不断接受实践的检验。因此，大学生积极参加实践活动，是大学生成长成才的重要途径，也是检验大学生专业知识学习水平的标准。

第一，重视掌握实践技术。专业知识相关课程是实践性、应用性很强的课程，课堂知识与生产实际、社会实际联系密切。因此，实践技术就成为检验大学生理论学习的必备技能，是掌握基本专业技能和学习理论的需要，也是从事未来工作、发展科学技术的需要。在实际教学环节中，学生需要将所学专业知识与实践活动有机结合，通过观察和直接参与实验及各类实践活动，培养自己的动手能力，掌握基本的实践及操作技能，获得本专业领域的有关知识，并不断完善自己的知识能力结构。只有将学过的理论知识放到实践中加以检验，并对实际问题加以分析和解决，才能巩固所学理论知识，培养自己的实践能力、科学思维能力和动手能力，养成良好的学习习惯。

第二，积极参加科研创新活动。我国《高等教育法》对高等教育人才培养的学业标准提出了明确要求，“专科教育应当使学生掌握本专业必备的基础理论、专门知识，具有从事本专业实际工作的基本技能和初步能力；”“本科教育应当使学生比较系统地掌握本学科、专业必需的基础理论、基本知识，掌握本专业必要的基本技能、方法和相关知识，具有从事本专业实际工作和研究工作的初步能力。”因此，高等学校所培养的各类专门人才，不仅要掌握一定学科领域的理论知识和技能，而且要具备较强的创造思维能力、资料查阅能力、规划设计能力、实际操作能力、交流表达能力、组织管理能力和开发创新能力。这些能力在一定意义上依赖于通过科研实践来培养。学生在已具备一定的知识和能力基础上积极参加各种学术讨论和研究活动，与老师和同学们交流学习体会、探索新的问题，是培养综合素质的重要途径。比如，可以参加学生中成立的学术社团组织；可以由个人或集体组成课题小组选择科研项目，向学校各级组织申请立项，开展专业研究工作；可以创造条件参加教师的科研课题研究工作；也可以承担来自社会的委托研究课题，结合毕业论文和毕业设计开展专题研究等。

扫一扫下载阅看案例：“准大学生”也需装好“心理行囊”

### 1.1.3 就业观与职业生涯规划

职业选择是大学生活的最后一环，既标志着大学生活的结束，也意味着职业生涯的开始。它是一次关键的、起决定性作用的选择。因此，了解并做好职业生涯规划对大学生的未来发展至关重要。

#### 1. 树立正确的就业观

当前时期，我国大学生的数量及质量稳步上升，从而在就业方面有可能会遇到较大的困难。大学生就业难的影响因素包括很多方面，有社会原因，也有大学生对就业观看法有所偏差的原因。一些学者将大学生对就业观持有的偏差和误区总结为“学而优则仕”“急功近利”“盲目从众”“消极悲观”等。为解决这一问题，我们需要纠正这些误区，应摒弃陈旧的、非科学的就业观，树立正确的就业观。

第一，树立符合时代特征身份的就业观。要认识“普通员工”的身份，在高等教育大众化和普及化的发达国家，大学生从事出租车司机、保姆、清洁工是较为正常的事情，甚至博士生、硕士生去刷盘子、送牛奶、做搬运工也是很普遍的现象。在高等教育大众化后，大学生已不再是“精英”身份，而是“普通员工”身份。

第二，树立符合市场规律流动的就业观。科学技术的快速发展和知识的快速更替，用人制度的不断改革和人才市场的建立，必将使失业和就业成为大学生经常遇到的事情。因此应认识到，一次就业并非终身就业，“跳槽”流动，寻找适合自身的发展空间，也并非坏事一桩。先就业，后择业，也是大学生就业的一种明智策略。

第三，树立符合社会发展的就业观。对大学生而言，薪水是物质生活的保障，其分量无疑是举足轻重的，但不切实际地追求高薪也将失去很多就业机会和发展机遇。因此，大学生就业时应考虑长远利益，把个人利益与集体利益、国家利益结合起来考虑，形成符合社会发展实际的利益观念。

#### 2. 职业生涯规划与设计

选择职业就是选择未来，设计职业生涯就是把握自己的命运。因此，面对不断调整的职业结构和迅速变化的职业环境，对于青年大学生来说，需要以认真的态度去认识职业生涯规划与设计，并以积极的态度去准备和应对就业。

1）职业生涯规划的含义

职业生涯规划是指在对一个人职业生涯的主客观条件进行测定、分析、总结的基础上，对个人的兴趣、爱好、能力、特点进行综合分析与权衡，结合时代特点与个人的职业倾向，确定其最佳的职业奋斗目标，并为实现这一目标做出行之有效的安排。

2）职业生涯规划设计的意义

（1）社会意义。我国已进入经济结构调整升级的社会转型时期，经济利益多元化、生活方式多元化和就业形式多元化已经成为社会发展的客观趋势。随着大学生就业的形势越来越严峻，职业规划教育逐渐成为大学生个人、家庭及社会各界广泛关注的普遍问题。就业问题是一个重大的经济问题，也是一个重大的政治问题和社会问题。就业不仅关乎民生、关乎个人尊严，更关乎社会稳定。青年大学生作为建设祖国的重要力量，做好职业生涯规划教育，有利于其快速走向社会、融入社会，为社会服务。因此，从这个角度来说，职业生涯规划教育对我国构建和谐社会、坚定广大人民群众走社会主义道路的信心具有重要的现实意义。

（2）个人意义。从学校走向社会，是每个大学生必经的阶段。学生往往会面临“我想干什么？我能干什么？现在准备什么？就业环境如何？”等一系列关于就业的问题。因此，通过职业生涯规划设计，可以促使大学生掌握正确的职业生涯设计方法，准确地进行自我定位，合理规划职业人生，发掘自我潜能，增强个人实力，为迎接挑战做好充分准备。

3）职业生涯规划的特征

（1）可行性。任何规划设计都要有事实依据，不能是美好幻想或不着边际的梦想，否则将会贻误良机。比如大学生进行职业生涯规划，要考虑所学的专业或今后从事职业需要的知识和能力，如果所学非所用，或者不具备理想职业所要求的能力，职业生涯规划就不可行。

（2）适时性。所有规划设计是预测未来的行动、确定将来的目标，因此各项主要活动何时实施、何时完成，都应有时间和顺序上的安排，以便作为检查行动的依据。

（3）适应性。规划未来的职业生涯目标，涉及多种可变因素，因此，规划应有弹性，应随着外界环境和自身条件的变化，及时调整职业生涯规划方案，以增加其适应性。

（4）连续性。职业生涯目标是人生追求的重要目标，人生的每个发展阶段应能持续、连贯地衔接，通过不断地调整和完成职业活动安排，最终实现职业生涯目标。

4）职业生涯规划设计的步骤

（1）确立志向。俗话说：“志不立，天下无可成之事。”立志是人生的起跑点，反映着一个人的理想、胸怀、情趣和价值观，影响着一个人的奋斗目标及成就的大小。所以，在制订职业生涯规划时，首先要确立志向，这是制订职业生涯规划的关键。

（2）准确评估。其一是自我评估，要认识自己、了解自己，包括自己的兴趣、特长、性格、学识、技能、智商、情商、思维方式、道德水准等。其二是职业生涯机会评估，主要分析内外环境因素对自己职业生涯发展的影响，包括环境条件的特点、环境的发展变化情况、自己与环境的关系、自己在这个环境中的地位、环境对自己提出的要求以及环境对自己有利与不利的条件等。

（3）选择职业。在选择职业时，要充分考虑到自身的特点，要充分考虑到环境因素对自己的影响，即性格、兴趣与职业的匹配以及内外环境与职业的适应。

（4）确定职业目标和路径。在分析内外部环境、自我优势和兴趣等基础上，要考虑向哪一条路线发展，是走行政管理路线，向行政方面发展？还是走专业技术路线，向业务方面发展？以此制定出符合实际的短期目标、中期目标与长期目标。

（5）制订行动计划与措施。例如，为达成目标，应计划采取什么措施，学习哪些知识，掌握哪些技能等。

（6）评估与回馈。俗话说："计划赶不上变化。"影响职业生涯规划的因素有很多，有可以预测的，也有难以预测的。在此状况下，要使职业生涯规划行之有效，就须不断地对职业生涯规划进行评估与修订。其中包括：职业的重新选择、职业生涯路线的选择、人生目标的修正、实施措施与计划的变更等。

**创业小贴士** 创业，设定目标很重要。没有目标，缺少了奋斗的方向，就容易走弯路。

# 任务 1.2 对创新创业方法与环境的认知

## 1.2.1 创新与创业有关概念

### 1. 创新与创业

1）什么是创新

创新是民族进步的灵魂，是国家兴旺发达的不竭动力，是政党永葆生机的源泉，是推动整个人类社会向前发展的重要力量。人工取火的发明让人类脱离了茹毛饮血的野蛮时代；文字的发明将人类的智慧永久传承；计算机的出现给人类的智慧插上了翅膀；因特网的应用使得"地球村"的村名在网上遨游。可以这样说，人类社会从低级到高级、从简单到复杂、从原始到现代的进化历程，就是一个不断创新的过程，人类社会的发展史就是一部不断创新的历史。

创新是指以现有的思维模式提出有别于常规或常人思路的见解为导向，利用现有的知识和物质，在特定的环境中，本着理想化需要或为满足社会需求，而改进或创造新的事物、方法、元素、路径、环境，并能获得一定有益效果的行为。创新常常会突破常规和原有的思维定式，它是一种新的变革，能够产生新的发明，带来新的改变。

2）什么是创业

创业在本质上是一种价值创造的活动。《现代汉语词典》对"创业"的解释是创办事业，其中"事业"是指人所从事的，具有一定目标、规模和系统并对社会发展有影响的经济活动。《辞海》对"创业"的解释是创立基业，其中"基业"是指事业的基础。由此可见，创办事业是创业的本质，可以将创业理解为创业者通过自身的主观努力而取得新成果的过程。

创业有广义和狭义之分。广义的创业强调创业行动。创办新企业、壮大旧企业，对企业、工程等进行拓展、创新、改造、治理、提升品质等行为，都可以列为创业的范畴。因此，广义的创业涵盖了企业成长过程的任何阶段，即所谓的再创业、继续创业、成长型创业、拓展型创业等。广义的创业与实际的创业情况更为接近。狭义的创业通常是指创办一个新的企业，包括从筹备企业到企业稳定成长的全过程。

目前，大学生所进行的创业大多属于狭义范围内的创业，是大学生结合当前经济社会发展状况，根据国家促进大学生就业和创业的政策要求，运用所学的创业知识和专业技能，寻找并抓住创业机会，创造出新产品、新服务，实现人生价值的全过程。

### 2. 创新意识和创新思维

1）什么是创新意识

创新意识支配着创业者对创业的态度和行为，引导着创业者创业行为的方向，具有较强的能动性，是创新型人才所必须具备的条件之一。创新意识的培养和开发是培养创新型人才的起点。

创新意识分为主动性和被动性两大类。它是人类意识活动中的一种积极的、富有成果性的表现形式，是人们进行创造活动的出发点和内在动力，是创造性思维和创造力的前提。

创新意识包括创造动机、创造兴趣、创造情感和创造意志。创造动机是创造活动的动力因素，能推动并激励人们发现和维持创造性活动。创造兴趣能促进创造活动的成功，是促使人们积极探求新奇事物的一种心理倾向。创造情感是引起、推进乃至完成创造的心理因素，只有具有正确的创造情感才能使创造成功。创造意志是在创造中克服困难、冲破阻碍的心理因素，创造意志具有目的性、顽强性和自制性。

2）什么是创新思维

创新思维是创新实践和创造力发挥的前提。创新思维是指人们为解决某一问题，自觉、能动地综合运用各种思维方式进行思考，通过这种思维能突破常规思维的界限，以超常规甚至反常规的方法、视角去思考问题，提出与众不同的解决方案，从而产生新颖的、独到的、有社会意义的思维成果。创新思维是进行创新实践活动的基础条件，是思维的高级形式。培养大学生的创新思维是提高大学生创新能力的关键。

3）创新意识与创新思维的关系

创新意识与创新思维不同，创新意识是引起创新思维的前提和条件，创新思维是创新意识的必然结果，二者之间具有密不可分的联系。如今，人类的生活已经离不开创造与创新活动，大学生要想成功创业，需要积极培养自己的创新意识和创新思维。

扫一扫下载阅看案例：创业者如何培养创造性思维

### 3. 创业精神

创业是一个充满艰辛的过程，具有极大的不确定性。创业者必须面对来自多方面的挑战与困难，处理好遇到的每一个问题。因此，创业者必须具备一定的创业精神，才能取得创业的成功。

1）什么是创业精神

什么是真正的创业精神？哈佛大学商学院对其的定义是：“创业精神就是一个人不以当前有限的资源为基础而追求商机的精神。”从这个角度上来讲，创业精神代表着一种突破资源限制，通过创新来创造机会、创造资源的行为，而不是简单地体现在创新或创造新企业上。因此，创业精神可以简洁地概括为：“没有资源创造资源，没有条件创造条件，用有限资源去创造更大资源”。

2）大学生需要具备哪些创业精神

一个成功的创业者，要从梦想开始，要敢想、敢干、善干。创业者必须具备基本的创业精神：进取精神、实干精神、创新精神、团队精神。

（1）创业者必须要有进取精神。何为进取？进取即努力上进，立志有所作为，为了志向不断追求，不断探索，永不放弃。“路漫漫其修远兮,吾将上下而求索”，进取精神是创业路上的加油站。首先，要有创业的梦想，拥有梦想的创业者，在漫漫的创业路途上，无论遇到多少困难和挫折，都会不断前行；其次，要有创业的激情，拥有激情的创业者，能笑对创业路上每一次困难挫折后的痛苦，从而继续在创业的道路上求索。

（2）创业者必须要有实干精神。何为实干？实干即脚踏实地，不投机取巧，敢干善干。“九层之台，起于累土”，实干精神是创业路上的高架桥。创业就是围绕着创业梦想从零开始，通过实干苦干，从无到有，从弱到强。创业的蓝图已经绘制好，要把蓝图变为现实，需要创业者脚踏实地，在创业的过程中诚实守信，不投机取巧；需要创业者敢干的担当和善干的能力，在创业的路上甩开膀子大胆干；需要创业者拥有不怕苦不怕累的精神，从小事做起，做细、做实、做精。

（3）创业者必须要有创新精神。何为创新？创新即创造新的东西，改变固有的思维和模式。“惟变所出，万变不从”，创新精神是创业过程中的指路明灯。创业者必须解放思想、实事求是、与时俱进、常变常新，拥有新思维，审时度势。只有在创业管理中不断创新，才能保证所创之业在市场上有安身立命之处，才能创业成功。

（4）创业者必须要有团队精神。团队是共同体，是可以协同工作、解决问题、达到目的的组织。“同舟共济扬帆起，乘风破浪万里航”，团队精神是创业路上的亲友团。创业需要团队，优秀的创业团队需要的往往不是锦上添花的人，而是那些愿意与你风雨兼程、团结协作的人。因此创业者必须要有团队合作意识，不能单打独斗，不能时刻强调个人的突出才能，要重视发挥群体力量，同舟共济，取长补短，结成一个牢固的团队。

**创业小贴士** 创业，最需要的不是资金，也不是人才，而是一个好的思路；没有资金，可以筹集；没有人才，可以召集；但没有一个好的思路，就很难找来资金和人才，创业思路决定企业的出路。

### 故事分享 2　宝洁公司的创新政策

为了全球的优秀人才为自己所用，宝洁公司曾设置“外部创新主管”这个职位，并且创建了分布在世界各个角落的“创新侦查员”队伍，这个多达 70 人的队伍每天的工作就是借助复杂的搜索工具查看大量的网页、全球专利数据库和科学文献，以“大海捞针”的方式找到对公司有利的重大技术突破和专家学者。宝洁公司还启动了“技术型企业家”计划，使全球 50 多万名独立发明家成为宝洁公司的创新服务提供商。当宝洁公司提出技术问题时，就可以从世界各地得到建设性的解决方案。当这些发明家有某些重大创新时，也会优先卖给宝洁公司。宝洁公司评价创新的标准也从以前的注重产品的性能、专利数量等改为注重可以感知的顾客价值，即必须回答：“你的创意对人们的生活是否有所改变？消费者现在是不是能做一些他们以前所做不到的而又真正有意义的事情？”宝洁公司还确立了一项标准：如果自己的某项专利技术在 3 年之内没有被公司的任何部门采用，那么就将其出售给别人，甚至包括竞争对手。实行开放式创新以来，宝洁公司的研发生产力提高了近 60%，创新成功率提高两倍多，而创新成本下降了 20%。（摘自创业网：企业创新如何做到从封闭到开放，2012 年 11 月 22 日）

启示：企业的重要创新，往往是影响整个企业发展前景的战略决策。大学生的创新意识和创新能力将影响着大学生的创业能力。

### 1.2.2 创业的要素与类型

#### 1. 创业要素

创业是一段复杂又艰辛的过程，要处理和面对很多问题，要权衡企业内外较多因素，因此创业人员只要抓住创业的核心要素，就可以高效率地推进创业进程，完成预期目标。下面将阐述几个重要的创业核心要素理论。

1）蒂蒙斯的创业核心要素理论

全球最具影响力的产业学者蒂蒙斯认为，创业是机会、团队、资源这三大关键要素的动态平衡过程，这三大核心要素的存在和发展决定了创业过程的发展趋势，蒂蒙斯的创业核心要素组合模型如图 1-1 所示。

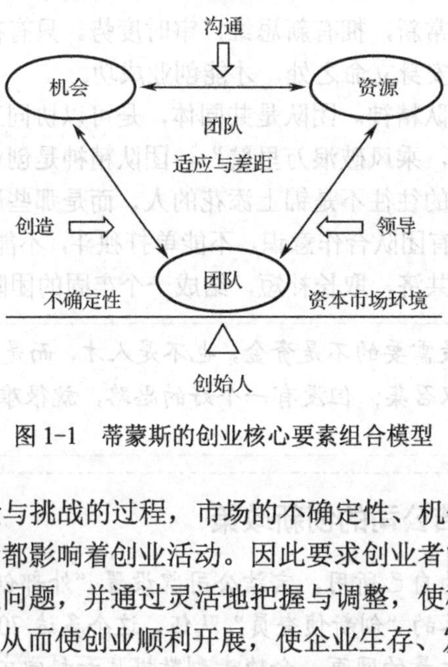


图 1-1 蒂蒙斯的创业核心要素组合模型

创业的过程是充满风险与挑战的过程，市场的不确定性、机会的变化性、资本市场的风险、环境的快速变化等因素都影响着创业活动。因此要求创业者能够运用卓越的领导魅力、创新能力、沟通技巧来发现问题，并通过灵活地把握与调整，使机会、资源、团队三大核心要素处于最优的组合状态，从而使创业顺利开展，使企业生存、发展、壮大。

2）维克汉姆的创业要素理论

维克汉姆的创业要素理论认为，创业活动包括创业者、机会、组织和资源四个要素，这四个要素互相联系。与蒂蒙斯模型不同，维克汉姆认为创业者是创业活动的中心，创业者需要有效处理机会、资源和组织之间的关系，维克汉姆的创业要素组合模型如图 1-2 所示。

资源、机会、组织三要素之间关系为：集中资本、人力、技术等资源来把握机会，并且要考虑资源的成本和风险；资源的集合形成组织；组织的资产、结构、程序和文化等形成一个有机的整体，来适应相应的机会，因此组织需要根据机会的变化而不断调整。

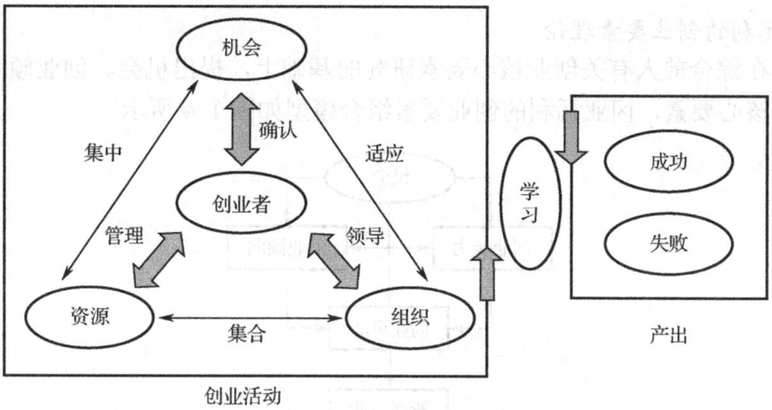

图 1-2　维克汉姆的创业要素组合模型

此外，该模型还强调学习，揭示了创业是一个不断学习的过程，而创业型组织是一个学习型组织。

3）萨尔曼的创业要素理论

萨尔曼的创业要素理论认为，在创业过程中，为了更好地开发商业机会和创建新企业，创业者必须把握人、机会、外部环境和其自身的交易行为这四个关键要素，萨尔曼的创业要素组合模型如图 1-3 所示。

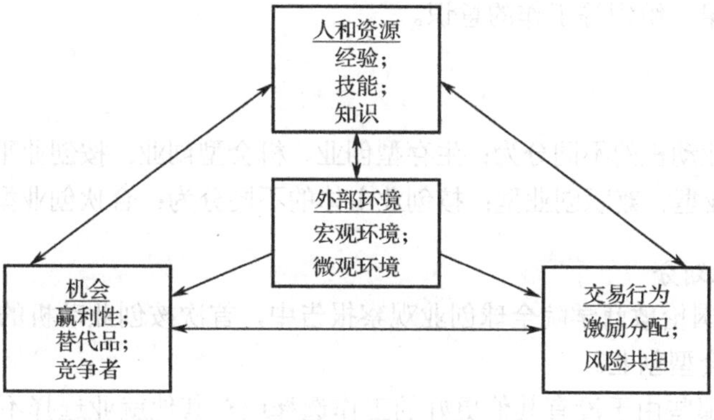

图 1-3　萨尔曼的创业要素组合模型

（1）人是指为创业提供服务或者资源的人，包括经理、雇员、律师、会计师、资金提供者、相关供应商以及与新创企业直接或间接相关的其他人，他们所提供的资源包括工作或非工作经验、管理能力、技术技能等。

（2）机会是指任何需要投入资源的活动，不但包括企业需要开发的技术、市场，而且还包括创业过程中所有需要创业者投入资源的事务。

（3）外部环境是指无法通过管理直接控制的因素，如相关的政策法规、宏观经济形势以及行业内的竞争等，包括宏观环境和微观环境两部分。

（4）创业者的交易行为是指创业者与资源供应者之间的直接或间接关系。

核心观点是要素之间需要良好的适应整合，即人、机会、交易行为与外部环境需要协调整合、相互促进。环境处于模型中心，影响着其他三个创业要素，同时其他三个创业因素也会反过来影响环境。

4）冈亚瓦利的创业要素理论

冈亚瓦利在综合前人有关创业核心要素研究的基础上，提出机会、创业倾向、创业能力是创业的三个核心要素，冈亚瓦利的创业要素组合模型如图 1-4 所示。

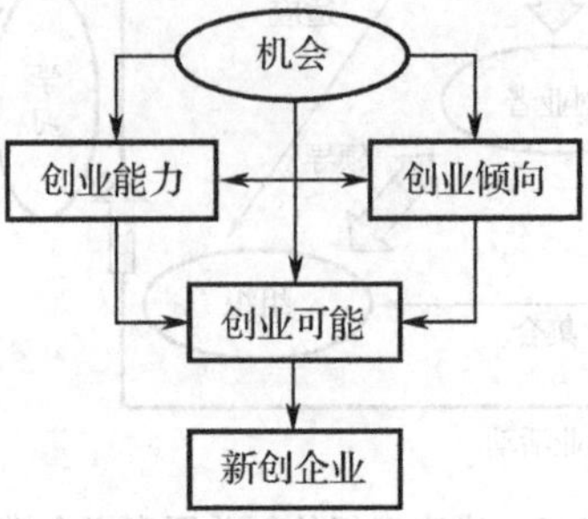


图 1-4　冈亚瓦利的创业要素组合模型

（1）机会是指创建新企业的可能性和创业者成功的可能性。创业机会将在一定程度上影响创业者的创业倾向和创业能力。

（2）创业能力是指创建企业所具备的特殊能力，这种特殊能力往往影响创业活动的效率和创业的成功。创业能力包括决策能力、经营管理能力、专业技术能力与交往协调能力组成。

（3）创业倾向是有关创办新企业或内部创造新价值、开发实施新商业概念、推进企业高速成长的倾向，也是一种能指引个体实施创业行为的态度、体验和行为，进而引导个体的目标设定、交流、承诺、组织等工作的意识。

### 2. 创业类型

创业类型按创业动机的不同分为：生存型创业、机会型创业；按创业平台的不同分为：网络创业型、加盟创业型、兼职创业型；按创业主体的不同分为：合伙创业型、自主创业型。

1）按创业动机划分

2001 年，在英国伦敦商学院全球创业观察报告中，首次按创业动机的不同将创业活动分为生存型创业和机会型创业。

生存型创业是那些由于没有其他更好的工作选择或对其他就业选择不满意而从事创业的活动；机会型创业是指那些为了把握一个商业机会而从事创业的活动，两者特征区别如表 1-1 所示。

**表 1-1　生存型创业和机会型创业的区别**

| 类　型 | 生存型创业 | 机会型创业 |
|---|---|---|
| 特征 | 面对现有的市场，在现有市场中捕捉机会 | 需要面临复杂和竞争激烈的市场环境 |
| | 技术壁垒低的行业 | 资金壁垒、技术壁垒高 |
| | 多是被迫创业 | 多为主动创业，职业技能水平高 |

2）按创业平台不同划分

**（1）网络创业**

网络创业是先有了网站运营后才产生的一种新型的创业形式，是指以网络为载体的一种创业形式。网络创业的类型如表 1-2 所示。

**表 1-2　网络创业的类型**

| 类　型 | 定　义 |
|---|---|
| 网店销售 | 以网络为平台，以开网上店铺为窗口把产品销售给客户，是最常见的网络创业形式 |
| 网络营销 | 通过因特网让潜在客户找到网站，存储、查看商品或服务的信息，通过电话、电子邮件、社交软件等多种方式由卖家、制造商或服务商提供的产品或服务 |
| 网络交易平台 | 在信息网络上传递信息、产品、服务或进行支付的商业平台。它不仅涉及电子技术本身，而且涉及金融、税收、文化等各方面的问题 |
| 网络主播 | 因特网电视或活动中从事编辑、录音、写作、主持等与观众互动的群体 |
| 威客 | 指那些经过互联网把自身的能力、学问、本领、经验转换成在实践中获得收益的人，通过解决付费者的科学、技巧、生涯、学习中的问题从而让知识、智慧、经验、技能体现经济价值 |

网络创业的特征有以下几点：

① 较为经济。网上开店成本比较低，如果投资经营的项目不大，所需要的起步资金并不是很多，可能一台电脑、一根网线、一个虚拟主机就可以开展初步经营活动了。后期运营过程中，不需要租赁店面，节省了房租的支出，水电和人工成本费也较低，没正式注册公司之前，无需为了各类收费而烦恼，运营成本较低。

② 效率较高。网络平台可精准快速地传送大量信息，并能根据市场需求，及时更新产品或调整价格，能及时有效地了解并满足顾客的需求。

③ 风险性低。网络创业即使创业失败，也不必太过担心，因为创业前期的投入并不高，而且从头开始再成功的机会也很大，因此创业者可以大胆地开展创业活动。

④ 衍生性强。“互联网＋”时代的创业链长、衍生性强，与传统产业有广阔的合作空间。网络创业与多样化的商业模式相联系，通过网络，创业者的奇思妙想可以和使用者、用户进行直接接触，满足了用户的体验。

## 故事分享 3　寻找家乡味道，自创网络店铺

2017 年新年，小张刚从打工地深圳回到桂林的家中，吃着桂林米粉、荔浦芋头等久违的美味，在感慨还是家乡好的同时，他萌发了开个家乡特产专卖店的念头，让桂林游子、外地居民也能尝到家乡的美味。

说做就做，学习计算机出身的他，首先想到的是成本低且自己比较熟悉的网店。在淘宝网注册开通网店后，他很兴奋，在他的网店最上方明确写着“带你去寻找舌尖上的桂林”，再往下看是荔浦芋头、豆腐乳、辣椒酱、干米粉、茶油等食品，充斥着桂林人熟悉的味道。看到小有规模的网店，他有了“由工人到老板”的喜悦。不过这个“老板”需要凡事亲力亲为，小张开始到桂林各地寻找合作伙伴，每走到一个企业、一户人家，都要自己品尝、反复对比，最终确定的特产都是在质量和口感上有保障的产品。

让小张欣喜的是，这些土特产品上架没多久，就迎来了第一批顾客，不仅有土生土长的桂林游客，还有吃过一次桂林豆腐乳就念念不忘的外地游客，这让他觉得桂林的土特产品是有市场的，从此他的干劲更大了。

**启示**：小张以网络为平台开设店铺，寻找和传播家乡味道，找到了一条适合自己的创业之路。

**（2）加盟创业**

加盟创业是指创业者通过与加盟品牌签订合同，品牌商将有权授予他人使用的商标、商号、经营模式等经营资源，授予创业者使用，创业者按照合同约定，在统一经营体系下从事经营活动，并向加盟店支付特许经营费。

选择加盟企业需注意以下几个关键点：

① 知名度。品牌知名度包括品牌辨识和品牌回忆的呈现。品牌知名度常常是消费者决定购买的重要动力。例如有人想吃汉堡，他们的优先选择可能是麦当劳和肯德基。创业者在加盟时，一定要摸清品牌情况，选择一家有着较高知名度的品牌，在一定程度上才能实现“背靠大树好乘凉”。

② 经营管理。连锁加盟的总部需要具备一定的经营管理能力，包括商品的开发与管理，商圈的经营、行销与广告宣传活动，人员的招募与管理，财务的规划与运作等等。这些都是协助加盟店妥善地长期经营的必要知识。

③ 正确引导。加盟创业的确是一种赚钱的方式，但是一夜暴富的希望极其渺茫。好品牌通常会对加盟商做出一个全面的评价，给出一个客观、有效的投资回收期以及投资利润率，对创业者的发展方向和前景给予正确客观的引导。

④ 相关培训。总部给予加盟商的培训支持，是连锁加盟正常运转的核心要素之一，对于创业新手来说，如何进行人员招聘、店面的日常管理、提高销售、提高营业额等都是迫切需要学习的内容。真正好的品牌，需要拥有一套完善和有效的培训体系，为加盟商扫清障碍。

⑤ 前期服务。香港知名企业家李嘉诚曾说：“决定房地产价值的因素，第一是地段，第二是地段，第三还是地段。”而加盟创业成功的秘诀之一也是“地段”。好的加盟企业在选择加盟商之前，都会对市场考察和加盟店选址投入大量的精力。因此，他们通常有能力为加盟商出谋划策，选定合适的地段，以此保证加盟店的客流量，同时会为其提供合理的店面面积规划，为未来的良好经营埋下伏笔。

⑥ 后续服务。好的加盟总部，往往都有完备的后续服务机制，为加盟店的长足发展提供有力保障。比如，总部会根据加盟店的销售情况，由专业的配货人员为其进行货物选取，以适应当地消费者的喜好。有些总部还定期或不定期到各加盟店进行巡察，收集市场信息，从而进一步采取策略、提高其竞争力。

**（3）兼职创业**

兼职创业就是在工作或从事主业之余再创业。兼职创业有以下几种类型：

① 兴趣型兼职。把主业中没有用到的兴趣爱好在兼职中运用和发挥出来，使兴趣和创业很好的结合，不仅可以保持好的心态，还可以发展和开辟新的发展空间。

② 自由型兼职。这种兼职非常灵活，可以自主调配时间进行工作，自主控制工作量和工作进度，非常适合一些有技能特长，且不愿意受过多约束的人群。

③ 项目型兼职。为了完成某个独立项目而开展工作。双方约定好项目完成的内容、时间、报酬、工作方式等，项目一结束，工作也就结束了。这类兼职选择有很大的范围，可以多项目、多雇主开展，也可以跨地区进行工作。

④ 短工型兼职。按照小时来计算工作量支付报酬，从业者可以灵活选择工作内容和工作时间，也可以按照市场需求和个人情况增加工作数量。

**（4）合伙创业**

合伙创业是指两个以上的具有互补性或者共同兴趣的人通过合伙组成团队进行创业，通过订立合伙协议，共同出资、合伙经营、共享收益、共担风险。合伙创业的特点有：

① 合伙成员地位平等。合伙创业的合伙成员按照自愿的原则共同出资实现合伙，但其在法律地位、人格地位上是平等的。

② 责任、权利与义务的确定性。合伙各方共同签订书面合伙协议，明确规定了各自出资的方式和数额，各自承担的责任与义务，以及利润分配和亏损的分担方法。

③ 合伙利益的相互性。合伙创业的过程建立在 “双赢” 的基础上，若有一方企图单独受益，这种合伙形式就很难继续。

合伙创业的优劣势如图 1-5 所示。

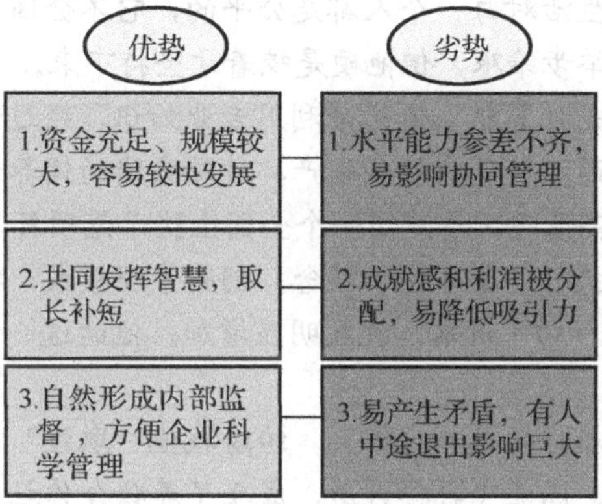


图 1-5　合伙创业的优劣势

### 故事分享 4　劳斯莱斯的创业史

劳斯莱斯（Rolls-Royce）是世界顶级的超豪华轿车厂商，于 1906 年成立于英国，公司名称就是来源于公司的两名创始人：Charles Stewart Rolls（查理 · 劳斯）和 Frederick Henry Royce（亨利 · 莱斯）。在最初，亨利 · 莱斯是一名起重机公司的老板，却因为受到德国同行的打压，而不得不将自己的莱斯有限公司在 1899 年转型，成为汽车生产商。此时，恰逢有人给莱斯推介一位汽车制造者——查理 · 劳斯。两人一拍即合，决定共同制造和销售汽车，而汽车的品牌，则由他们两人的名字共同组成——劳斯莱斯。两人的出身、爱好、性格完全不同，但对汽车事业的执着和向往，使他们成为一对出色的搭档。

**启示：选择对了合伙人，强强联合，可以达到 1+1>2 的效果。**

**（5）自主创业**

自主创业是指具备就业条件的人放弃就业机会，依靠自己的力量开展创业活动，为社会经济发展贡献智力、财力。自主创业发展的 4 个发展高潮期如图 1-6 所示。

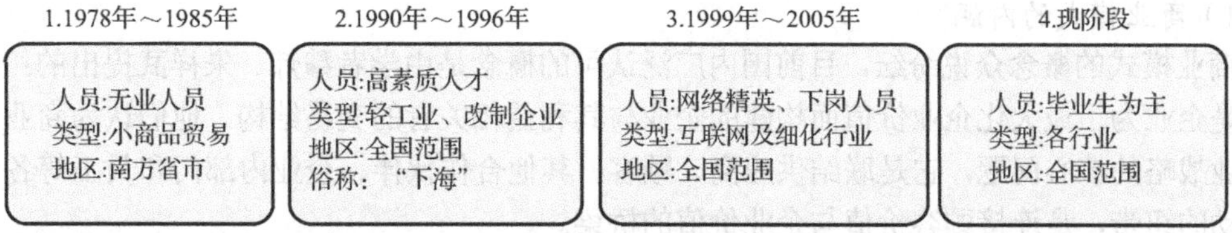


图 1-6　自主创业的 4 个发展高潮期

### 故事分享5　大学生“猪倌”闯新路

安徽浩翔农牧集团董事长高亚飞，用10年的时间，将自己的养殖基地发展成省内的知名农业产业化龙头企业，带领更多的父老乡亲走致富路，先后荣获“全国农村青年致富带头人”“首届感动安徽十大新闻人物”“安徽省大学生创业先进典型”等荣誉称号。他的致富路有着一定的传奇色彩。

高亚飞是一位敢于挑战生活的“80后”。从安徽工业大学毕业后留校任教，又开始攻读MBA学位。但还没毕业，他就谋划回老家养猪，做“猪倌”。他身边的亲朋好友没几个人能理解他的想法。但生活对每一个人都是公平的，它不会因为你的勇敢和勇气而宽容你。高亚飞在创业阶段时举步维艰，但他硬是咬着牙坚持下来。

高亚飞本科所学专业是计算机，他充分利用专业知识，经过认真研究，给养猪场装上了现代化的计算机网络，通过计算机控制生产，对每头猪的饲养过程都有翔实的数据记录以及科学的判断。随后，高亚飞又承建了一个全国生猪示范项目，运用了MBA课程中关于生产管理方面的知识，执行“零库存”理念，创新管理模式，推进利辛生猪人工授精覆盖率超过95%，让养猪户节约了成本，收入明显增加。他的这一做法被农业部高度认可，并在全国推广。

村民们看到高亚飞的养猪场越办越红火，纷纷找他“取经”。经过他的耐心指导，农民的养猪热情调动起来了，高亚飞再接再厉，成立了养猪合作社，创立了独具特色的“公司+合作社+基地+农户+科技+市场”的种、养、加、产、管、研一体化的循环经济和农业产业化发展模式。高亚飞仅仅用了一年半的时间就拥有了20多亩地的养猪场、存栏400多头基础母猪，一年可以生产商品猪4 800头。高亚飞说，当老师能育人，养猪也可以帮农民兄弟致富。

**启示：**学好专业知识是创业成功的重要因素，大学生要认真学好专业知识和技能；创业离不开创新，大学生在学习生活过程中要有意培养自己的创新精神。

## 1.2.3　商业模式与创业方法

### 1. 商业模式的内涵与原则

麦肯锡咨询公司的专家迈克尔·内文斯曾指出：“虽然硅谷在技术创新方面闻名于世，但商业模式的创新同样是硅谷取得惊人经济成就的重要原因。”

商业模式这个名词的第一次出现是在20世纪50年代，但直到90年代才开始被广泛使用和传播，现已经被创业者和风险投资者经常挂在嘴边。显然，好的商业模式是企业成功的保障，那什么是商业模式，又有哪些特征和类型呢？

1）商业模式的内涵

商业模式的概念众说纷纭，目前国内广泛认可的概念是由学者魏炜、朱祥武提出的：商业模式是企业为了最大化企业价值而构建的企业与其利益相关者的交易结构。他们认为商业模式是企业战略的核心问题，它是联结供应商、顾客、其他合作伙伴、企业内部门和员工等各方交易活动的纽带，是连接顾客价值与企业价值的桥梁。

商业模式的运行机制如图1-7所示。

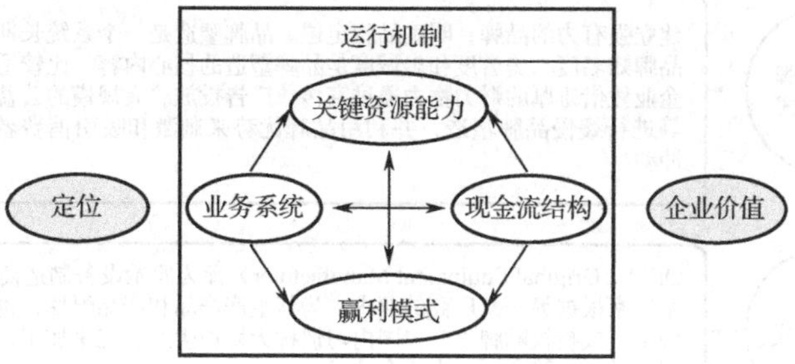


图 1-7　商业模式的运行机制

2）商业模式的核心原则

商业模式的核心原则是指商业模式的内涵、特征，是对商业模式定义的延伸和丰富，是成功商业模式必须具备的属性。商业模式的核心原则如图 1-8 所示。

（1）客户价值最大化原则。只有客户价值的最大化，商业模式才能持续赢利。一个不能满足客户价值的商业模式，即使赢利也一定是暂时的、偶然的。

（2）持续赢利原则。企业是否持续赢利是我们判断其商业模式是否成功的唯一外在标准。

（3）资源整合原则。资源整合就是对资源进行优化配置，并使配置的资源满足客户需求，达到提升企业竞争优势，保持总体最佳的效果。

（4）持续创新原则。创新形式贯穿于企业经营的始终，存在于企业资源开发、研发产品、经营制造、市场营销等各个环节，企业经营中每个环节上的创新都可能变成一种成功的商业模式。

（5）融资有效性原则。企业生存、发展、扩大都需要资金，融资模式的确定对广大企业尤其是中小企业更为重要。如巨人集团，曾因为近千万的资金缺口而轰然倒下。

（6）高效率的运营管理。高效的运营管理是每个企业管理者梦想达到的境界，也是企业管理模式的终极目标。

（7）风险控制原则。风险既包括系统外的风险，如政策、经济形势等，也包括系统内的风险，如产品的变更、人员的更替、资金的缺口等。

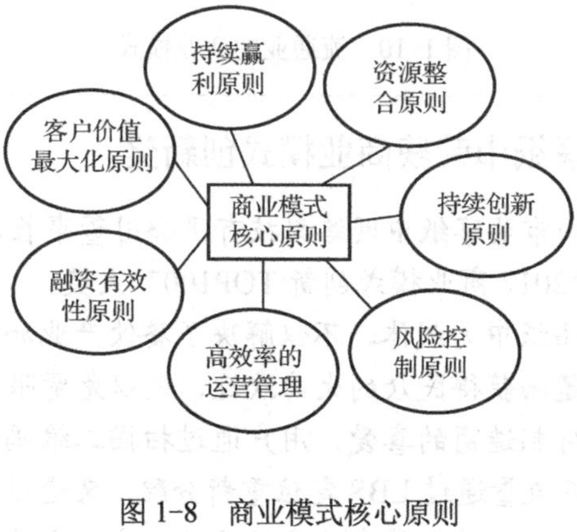


图 1-8　商业模式核心原则

3）典型的商业模式

当前社会典型的商业模式一般分为制造业的商业模式和流通业的商业模式，分别如图 1-9、1-10 所示。

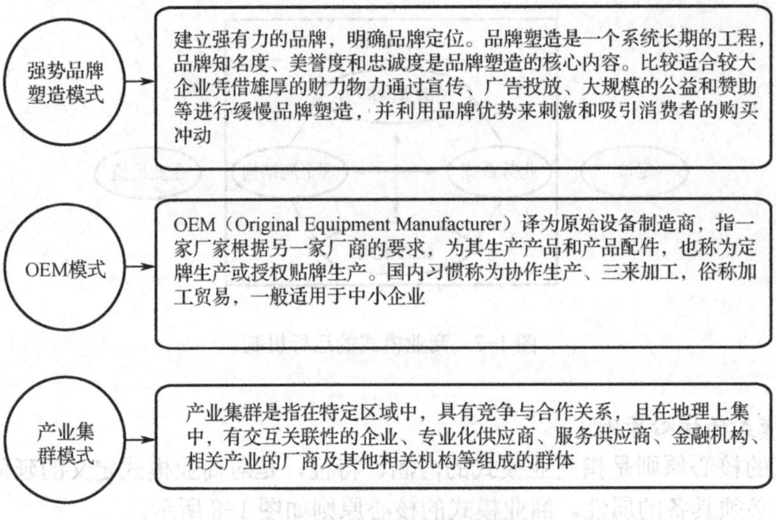
强势品牌塑造模式
建立强有力的品牌，明确品牌定位。品牌塑造是一个系统长期的工程，品牌知名度、美誉度和忠诚度是品牌塑造的核心内容。比较适合较大企业凭借雄厚的财力物力通过宣传、广告投放、大规模的公益和赞助等进行缓慢品牌塑造，并利用品牌优势来刺激和吸引消费者的购买冲动
OEM模式
OEM（Original Equipment Manufacturer）译为原始设备制造商，指一家厂家根据另一家厂商的要求，为其生产产品和产品配件，也称为定牌生产或授权贴牌生产。国内习惯称为协作生产、三来加工，俗称加工贸易，一般适用于中小企业
产业集群模式
产业集群是指在特定区域中，具有竞争与合作关系，且在地理上集中，有交互关联性的企业、专业化供应商、服务供应商、金融机构、相关产业的厂商及其他相关机构等组成的群体

图 1-9　制造业的商业模式

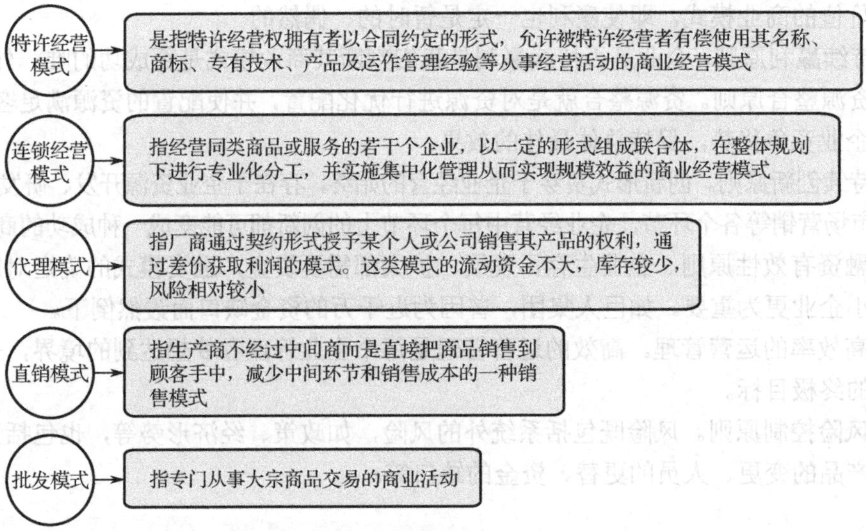
特许经营模式
是指特许经营权拥有者以合同约定的形式，允许被特许经营者有偿使用其名称、商标、专有技术、产品及运作管理经验等从事经营活动的商业经营模式
连锁经营模式
指经营同类商品或服务的若干个企业，以一定的形式组成联合体，在整体规划下进行专业化分工，并实施集中化管理从而实现规模效益的商业经营模式
代理模式
指厂商通过契约形式授予某个人或公司销售其产品的权利，通过差价获取利润的模式。这类模式的流动资金不大，库存较少，风险相对较小
直销模式
指生产商不经过中间商而是直接把商品销售到顾客手中，减少中间环节和销售成本的一种销售模式
批发模式
指专门从事大宗商品交易的商业活动

图 1-10　流通业的商业模式

## 故事分享 6　共享纸巾荣获商业模式创新奖

在 2017 年 11 月，中山市共享纸巾网络科技有限公司董事长，80 后创业青年郑品，首创的 ZHO 共享纸巾荣获“2017 商业模式创新 TOP100”大奖。

共享纸巾以日常必需品纸巾为载体，不仅解决了餐饮产业和公共场所的用纸问题，改善市民出行用纸不便的问题而获得民众的大力欢迎，还以免费限量、节约环保的方式为纸巾制造厂家清除库存而获得制造商的喜爱。用户通过扫描二维码领取纸巾，使公司拥有了大量的线下流量，这些线下流量通过 LBS 定位重新分配，又通过物联网终端智能推荐引擎引导到网上任意有价值的地方，达到信息共享的目的。这一方式颠覆传统新媒体，开启物联网商业社交时代。据介绍，创业者只需 3 万元就可以成为个人代理，获得 ZHO 平台提供的 15 台 ZHO 共享纸巾智能设备，个人代理负责铺点、安装和维护、补纸，通过设备每领取一包纸巾，个人代理将获得 0.3 元的分成，通常三两个月就可赚回成本。目前全国数百

家个人代理脱颖而出，还有人开设ZHO共享纸巾体验店、ZHO共享纸巾分公司。(资料来源：新蓝网CZTV.COM)

**启示：** 共享经济模式一般是双向受益。共享纸巾是把商家的库存纸巾利用共享纸巾智能终端这一渠道将纸巾重新分配到需要的人手里，是对闲置资源的利用。

### 2. 创业方法与步骤

大学生创业是一种以在校大学生和毕业大学生为创业主体的创业过程。大学生在大学期间，凭借自身的知识和技术优势，选择具有市场前景的技术产品或者服务，从风险投资家手中获取资金，主要方法和步骤如下。

1）创业的方法和途径

（1）关注环境变化的趋势。从变化的环境趋势中挖掘创业项目。人口、资源、技术、社会环境等环境因素的变化，为新企业的创立提供了机会。如中国老龄化趋势到来，创业者可以考虑创办老年用品店、养老院等。

（2）寻找需要解决的问题。从需要解决的问题中挖掘创业项目。例如，罗德·格拉泽找到了无法在因特网上播放音频和视频的问题，开发了RealPlayer软件，并创建了RealNetworks公司。

（3）留意市场遗留的缝隙。从市场遗留的缝隙中寻觅创业项目。例如，北京中星微电子公司曾避开了CPU和存储芯片等主流市场的激烈竞争，发现了多媒体应用领域的市场空白，展开技术攻关，推出“星光一号”，占据了PC图像输入芯片领域60%的市场份额，成为这一领域的市场领导者。

（4）深度挖掘现有产品。寻找隐蔽的资源，将市场上现有的产品进行改进、提升、完善、转换成为新的创业项目。加藤信三是日本狮王牙膏公司的一名普通员工，有一次他刷牙时发现牙龈出血，他把牙刷放到放大镜下观察，发现刷毛顶端是四方形的，所以他建议公司把刷毛顶端改成圆球形，当新产品投入市场后，销路极好，占到全国同类产品的近40%。

（5）拓展兴趣爱好。创业的过程往往是实现人的爱好和梦想的过程。把兴趣爱好与创业项目联系起来，可以实现良好的效果。台湾出生的杨致远在斯坦福大学硕士毕业后留校，结识了费罗，他们共同使用一间小型办公室，恰在这时两人迷恋上了因特网，他们一连数个小时都泡在网上，分别将自己喜欢的信息链接在一起。开始时，他们各自建立自己的网页，偶尔对都感兴趣的内容互相参考，随着链接信息的越来越广，他们的网页也就放在了一起，统称为“杰里万维网导向”，也就是后来的“Yahoo”。

（6）用好所学专业。大学生可以依靠自己的学科专业寻找创业项目。黑龙江大学的王郑涵从自己的学科专业出发，大三期间在黑龙江大学创业园组建创业团队，并创立哈尔滨金泰科技开发有限公司。

（7）关注大众传媒。通过报纸、杂志、广播、展览会等途径发现创业项目。1997年，斯鲁特兄弟参加芝加哥举行的展销会时，在一个无人问津的展台前看到一个碗里的小球吸光了所有倒进来的水，他们认为这种由硅砂做成的吸水能力超强的小球适合做小猫褥垫。于是他们将这种小球引进了生产线，在美国的杂货店和卖场销量很好，他们还因此获得了美国宠物协会颁发的杰出技术进步奖。

（8）加盟连锁企业。统计数据显示，在相同的经营领域，个人创业的成功率低于20%，而加盟创业的成功率则高达 80%。对创业资源有限的大学生来说，借助连锁加盟的品牌、技术、营销、设备优势，可以以较少的投资、较低的门槛实现自主创业。但选择加盟项目时应谨慎，一般大学生创业者资金实力较弱，适合选择启动资金不多、人手配备要求不高的加盟项目，从小本经营开始为宜，并且最好选择运营时间在 5 年以上、拥有 10 家以上加盟店的成熟品牌进行加盟。

### 故事分享 7　惠普公司的诞生

惠普公司由比尔·休利特和戴维·帕卡德于 1939 年创建。该公司建在帕罗奥多市的一间汽车库里，第一个产品是声频振荡器，它是音响工程师使用的电子测试仪器。惠普公司的第一个客户是华特迪斯尼电影公司，惠普公司为该公司的经典电影《幻想曲》创新开发和测试了音响系统。

1934 年，刚从斯坦福大学电气工程系毕业的戴维·帕卡德和比尔·休利特在科罗拉多山脉进行了一次为期两周的垂钓野外露营。由于彼此对很多事情的看法一致，从而结为挚友。因斯坦福大学教授及导师 Fred Terman 的鼓励和支持，二人决定开办公司并自己经营。

1938 年，戴维·帕卡德一家迁居至加利福尼亚州帕罗奥多市艾迪森大街 376 号。比尔·休利特就在这栋房子后面租了一间小屋。比尔和戴维用 538 美元作为流动资金，并利用业余时间在车库里开展工作。比尔利用其研究课题“负反馈技术”研制出了惠普公司的第一台产品——阻容式声频振荡器（HP200A）。这是一种用于测试音响设备的电子仪器，该振荡器采用炽灯作为电气接线图中的一个电气元件来提供可变阻抗，这在振荡器的设计上是一个突破。利用负反馈的原理，又相继生产出另外几项惠普公司早期的产品，诸如谐波分析仪及多种失真分析仪。之后，华特迪斯尼电影公司订购 8 台振荡器（HP 200B）用于电影《幻想曲》音响系统的测试。在 1939 年 1 月 1 日，惠普公司就这样成立了。

**启示：**利用自己的学科专业进行创业，事业将会有技术保障。

2）创业的步骤

创业是一项创造性的工作，从最初形成创业构思到最后创办企业应具备一定的流程。了解创业流程有助于大学生在创业过程中少走弯路，提高效率。创业的一般步骤如图 1-11 所示。

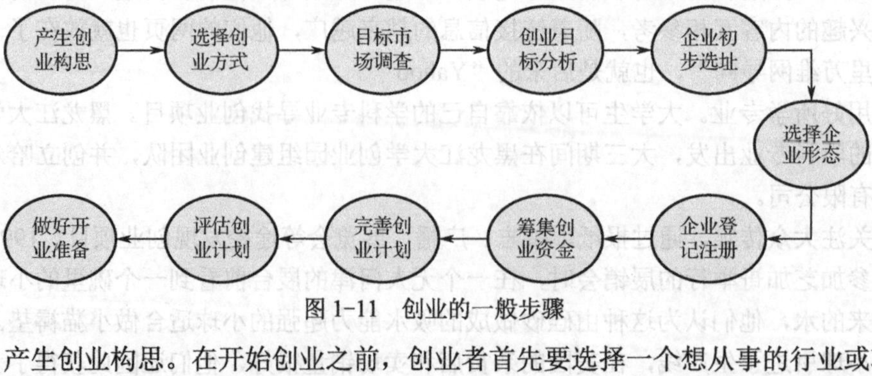


图 1-11　创业的一般步骤

（1）产生创业构思。在开始创业之前，创业者首先要选择一个想从事的行业或项目，一个新企业的建立往往是由一个创意或灵感开始的。而一个好的创意必须包含：市场机会，相关技能和资源。

（2）选择创业方式。根据创业构思内容和现有资源，选择合适的创业方式，可以选择的创业方式有：网络创业、兼职创业、团队创业、加盟创业、技术创业、大赛创业等。

（3）目标市场调查。包括市场环境调查、市场需求调查、市场商品资源调查、市场营销活动调查等。

（4）创业目标分析。通过市场调查了解你的顾客和竞争对手，初步确定经营内容。创业项目是否具有竞争力和赢利性，还需要做进一步分析，常用的方法为SWOT分析法。

（5）企业初步选址。好的选址等于成功的一半，不同的企业对地址的要求也不一样。例如，服务性行业企业、商品零售店要选择客流量比较大、方便客户到达的地方；制造企业需重点考虑水电供应情况以及交通便利与否。

（6）选择企业形态。法律对不同的企业形态有不同的要求，从而对企业产生诸多影响，如开办和注册企业的成本、开办企业手续的难易程度、业主的风险责任、寻找合伙人的可能性、企业的决策程序、企业的利润分配等。常见的企业形态为个体工商户、有限责任公司。

（7）企业登记注册。企业一般要预先核准名称，接着到银行入资、验资，进而设立登记、刻制印章、办理企业代码，然后在银行开户、划转注册资金，进行基本统计单位登记和税务登记。

（8）筹集创业资金。创业资金可以个人筹资，也可以向银行或者金融机构贷款。银行等正规金融部门在向借贷人贷款时有严格的条件和审查程序，需要填写借款申请表并附上创业计划，一般还需要贷款抵押品。

（9）完善创业计划。创业计划是创业者赢得投资者青睐的敲门砖。一份优秀的创业计划书能达到事半功倍的效果，通常创业计划书包含市场营销、财务、生产、人力资源等职能计划部分，一般由概要、企业构思、市场评估、企业组织、企业财务、附件等内容构成。

（10）评估创业计划。创业计划书是一份很重要的文件，需要向尽可能多的人征求意见，也可以请机构和专家帮助协同准备和审核创业计划。

（11）做好开业准备。开业前要做的工作较多，例如在工作前，最好建立一份行动计划，确定工作内容、工作完成时间及负责人。

### 1.2.4 了解大学生创业环境

#### 1. 国家创业政策

许多人心中都有一个创业梦。近年来“双创”已成为一个社会热词，从2014年中央经济工作会议首次明确提出“大众创业、万众创新”，到2015年正式写入《政府工作报告》。如今创业、创新已成为社会经济发展的关键词，但在创业道路上难免遇到荆棘坎坷，国家为鼓励创业者走出创业的第一步，推出了一系列政策措施，为创业者在创业路上的每一步保驾护航。

按照《国务院关于进一步做好新形势下就业创业工作的意见》（国发〔2015〕23号）、《国务院关于大力推进大众创业万众创新若干政策措施的意见》（国发〔2015〕32号）、《国务院办公厅关于深化高等学校创新创业教育改革的实施意见》（国办发〔2015〕36号）、《国务院关于做好当前和今后一段时期就业创业工作的意见》（国发〔2017〕28号）、《国务院关于推进创新创业高质量发展打造“双创”升级版的意见》（国发）〔2018〕32号）等相关文件，国家支持创业的优惠政策主要包括以下几方面。

（1）优化创业环境：自 2016 年 10 月 1 日起，全国全面实施“五证合一、一照一码”登记制度改革。2016 年 12 月 1 日起，实施个体工商户营业执照和税务登记证“两证整合”。2017 年 5 月 12 日，国务院办公厅正式发布《关于加快推进“多证合一”改革的指导意见》，并明确提出要确保在 10 月 1 日之前，将“多证合一”改革落到实处。

（2）建设创业平台：搭建服务平台，加快创业孵化基地、众创空间等建设，推动老旧商业设施、仓储设施、闲置楼宇、过剩商业地产转为创业孵化基地。各地可根据创业孵化基地入驻实体数量和孵化效果，给予一定奖励和补贴。

（3）拓宽融资渠道：健全创业贷款机制，鼓励金融机构和担保机构推行信贷尽职免责制度；合理赋予大型银行县支行信贷业务权限；支持地方性法人银行在基层区域增设小微支行、社区支行提供普惠金融服务；引导社会资本设立高校毕业生就业创业基金；促进天使投资、创业投资、互联网金融等规范发展。

（4）调整财税政策：对首次创办小型微利企业或从事个体经营并正常经营 1 年以上的高校毕业生、就业困难人员，鼓励地方开展一次性创业补贴试点工作。对在高附加值产业创业的劳动者，创业扶持政策要给予倾斜。自 2017 年 1 月 1 日至 2019 年 12 月 31 日，将小型微利企业年应纳税所得额上限由 30 万元提高到 50 万元，符合这一条件的小型微利企业所得减半计算应纳税所得额并按 20%优惠税率缴纳企业所得税。（政策来源于《财政部、税务总局关于扩大小型微利企业所得税优惠政策范围的通知》（财税〔2017〕43 号））

（5）促进人才流动：建立更具竞争力的人才吸引制度。加快社会保障制度改革，完善社保关系转移接续办法，建立科研人员双向流动机制，落实事业单位专业技术人员离岗创业有关政策，促进科研人员在事业单位和企业间合理流动。开展外国人才永久居留及出入境便利服务试点，建设海外人才离岸创业基地。促进留学回国人员就业创业，实施留学人员回国创新创业启动支持计划，鼓励留学人员以知识产权等无形资产入股方式创办企业。根据国家有关文件，针对各类人员的创业优惠政策如表 1-3 所示。

**表 1-3　各类人员创业优惠政策指南**（信息整理截止 2018 年 9 月）

| 类别 | 优惠政策项目 | 具体优惠内容 |
|---|---|---|
| 回国人员 | 回国派遣与落户 | 回国两年之内可申请办理回国派遣和落户手续 |
| | 留学人员回国创业启动支持计划 | 重点创业项目，一次性给予创业支持资金 50 万元；<br>优秀创业项目，一次性给予创业支持资金 20 万元 |
| | 简化认证手续 | 为海外高层次留学人才申请永久居留提供便利 |
| | 税收优惠 | 购买一辆国产小汽车免税 |
| 返乡下乡人员 | 返乡创业门槛降低 | 取消和下放涉及返乡创业的行政许可审批事项等 |
| | 定向减税和普遍性降低费用 | 符合政策规定条件的，可适用相关政策规定，享受减征企业所得税、免征增值税等税费减免和降低失业保险费率政策 |
| | 社会保险补贴 | 就业困难人员、毕业年度高校毕业生给予社会保险补贴 |
| | 创业担保贷款 | 按规定给予创业担保贷款，财政部门按规定安排贷款贴息所需资金 |
| | 用地用电支持 | 发展农业、林木培育和种植、畜牧业、渔业生产、农业排灌用电以及农业服务业中的农产品初加工用电，执行农业生产电价 |
| 科技人员 | 人事关系 | 征得单位同意，可离岗创业，在原则上不超过 3 年时间内保留人事关系 |
| | 承担项目 | 离岗创业期间，科技人员所承担的国家科技计划和基金项目原则上不得中止 |

续表

| 类别 | 优惠政策项目 | 具体优惠内容 |
| --- | --- | --- |
| 退役军人 | 创业孵化服务 | 积极开展就业服务、职业培训、创业孵化等服务活动。对自主就业的，要强化教育培训，落实优惠政策，提高就业创业成功率 |
| | 税收优惠 | 3 年内按每户每年 8000 元为限额依次扣减其当年实际应缴纳的增值税、城市维护建设税、教育费附加、地方教育附加和个人所得税，限额标准最高可上浮 20% |
| 境外人才 | 简化审批流程 | 全面实施外国人来华工作许可制度，简化外国高层次人才办理工作许可证和居留证件的程序 |
| | 外国高层次人才服务“一卡通”试点 | 建立安居保障、子女入学和医疗保健服务通道。进一步完善外国人才由工作居留向永久居留转换机制，实现工作许可、签证和居留有机衔接 |
| | 创业启动资金 | 给予一次性创业启动资金，在配偶就业、子女入学、医疗、住房等方面完善相关措施 |
| | 税收优惠 | 长期来华定居专家进口一辆自用小汽车，免征车辆购置税 |

### 2. 大学生创业政策

为支持大学生创业，国家和各级政府出台了许多优惠政策，涉及融资、开业、税收、创业培训、创业指导等很多方面。各地政府出台的优惠政策各不相同。根据国家有关文件，当前促进大学生创业帮扶政策主要包括以下几方面。

（1）准入简化：放宽新注册企业场所登记条件限制，降低大学生创业门槛，进一步落实注册资本登记制度改革，在继续推行工商营业执照、组织机构代码证、税务登记证“三证合一”的基础上，再整合社会保险和统计登记证，实现“五证合一、一照一码”，降低创业准入的制度性成本。

（2）贷款优惠：《国务院关于进一步做好新形势下就业创业工作的意见》（国发〔2015〕23 号）规定，符合条件的高校毕业生自主创业可在创业地申请创业担保贷款，贷款额度为 10 万元。鼓励金融机构参照贷款基础利率，结合风险分担情况，合理确定贷款利率水平，对个人发放的创业担保贷款，在贷款基础利率基础上上浮 3 个百分点以内的，由财政给予贴息。

（3）税收优惠：简化大学生创业流程，持人力资源和社会保障局核发《就业创业证》（注明“毕业年度内自主创业税收政策”）的高校毕业生在毕业年度内创办个体工商户、个人独资企业的，3 年内按每户每年 8 000 元为限额依次扣减其当年实际应缴纳的营业税、城市维护建设税、教育费附加和个人所得税。对高校毕业生创办的小型微利企业，按国家规定享受相关税收支持政策。

（4）收费减免：毕业 2 年以内的普通高校毕业生从事个体经营（除国家限制的行业外）的，自其在工商部门首次注册登记之日起 3 年内，免收管理类、登记类和证照类等有关行政事业性收费。

（5）培训补贴：对高校毕业生在毕业学年内参加创业培训的，可根据其获得创业培训合格证书或就业、创业情况，按规定给予培训补贴，以提高创业能力。

（6）创业服务：有创业意愿的高校毕业生，可免费获得公共就业和人才服务机构提供的创业指导服务，包括政策咨询、项目开发、风险评估、开业指导、融资服务、跟踪扶持、信息服务等创业服务。

（7）基地建设：各地政府在各类创业孵化基地中建设一批大学生创业孵化基地，继续推动大学科技园、创业园、创业孵化基地和实习实践基地建设，落实扶持政策，努力提高创业成功率。

（8）户籍简化：取消高校毕业生落户限制，允许高校毕业生在创业地办理落户手续（直辖市按有关规定执行）。

（9）教育改革：国家教育部门建议，高校首先应调整专业课程设置，健全创新创业教育课程体系，面向全体学生开发开设创新创业必修课和选修课，纳入学分管理，并开辟专门场地用于学生创新创业实践活动，统筹安排资金，支持创新创业教育教学，资助学生创新创业项目。其次，对有自主创业意愿的大学生，实施弹性学制，放宽学生修业年限，允许调整学业进程、保留学籍休学创新创业。再者，学生参加创新创业、社会实践等活动以及发表论文、获得专利授权等与专业学习、学业要求相关的经历、成果，可折算为学分，计入学业成绩。最后，休学创业或退役后复学的学生，因自身情况需要转专业的，学校应当优先考虑。

扫一扫下载阅看国家政策：国务院关于推动创新创业质量发展打造“双创”升级版的意见（国发〔2018〕32号）

### 故事分享8　大学生创业团队获创业无息贷款支持

在2015年，为鼓励高校毕业生创新创业，陕西省专门设立了高校毕业生创业基金，修改了《陕西省高校毕业生创业基金管理章程》，在扶持对象上把范围由之前的高校毕业生扩大到有创业能力已注册公司的在校硕士生、博士生，还简化了办理程序，扩大了对优秀创业企业免担保的范围，对符合贷款条件的优秀项目和受到国家级政府部门表彰、参加国家和省级主管部门组织的创业大赛晋级半决赛的创业者，一律取消担保。

曹凯是杨凌普兆农业科技有限公司负责人，他于2016年11月25日在西安航天基地大学生创业孵化园领到了50万元的省高校毕业生创业基金无息贷款，成为陕西省首批享受政策扶持的在校创业大学生。他所在的公司由西北农林科技大学的2个在读博士生和3个硕士生创建。此外，与曹凯同时享受到这一政策的还有9家大学生创业企业，共获贷款支持100万元。其中两家企业负责人因参加全国创业大赛晋级到半决赛，享受到了10万元免担保无息贷款扶持。（资料来源：陕西日报，2016-11-26）

启示：国家和各级政府出台了许多大学生创业的优惠政策，对打算创业的大学生来说，了解这些政策，有助于走好创业的第一步，顺利达成创业梦想。

## 技能训练1

**实训目的**：分析自我，充分进行自我评价。

**实训项目**：进行自我分析，每位培训者写一份毕业后三年内的职业生涯规划。

**实训要求**：基于自我分析的基础上，根据自己所学专业及兴趣爱好，撰写职业生涯规划。

# 学习情境2

## 组队——兴趣与合作

**创业导师语录** 创业成功的秘诀在于兴趣与合作。对于创业者而言，兴趣是持久创业的动力之源，合作则是创业的基础，是提高企业竞争能力、实现可持续发展的重要保证。

**情境导入** 曲歌发现，如今越来越多的大学生已经投入到创业的浪潮中，并拥有了自己的公司。于是，他也决定加入到创业队伍中。可是，自己单枪匹马，势单力薄，该做什么项目呢？能做什么项目呢？该怎么做呢？曲歌困惑极了。

初创期的主要任务:

（1）培养创业素质;

（2）组建创业团队。

理论
阵营

# 任务 2.1　创业者素质训练

创业就是主动创造“饭碗”的过程，这一过程涉及商业机会的发现和识别、活动组织的策划与成立、各种资源的整合与配置等，需要创业者具有较强的综合素质和能力。

## 2.1.1　创业者应具备的素质

美国著名管理大师彼得·德鲁克描绘成功的创业者：“有的偏激，有的平和；有的胖，有的瘦；有的焦躁，有的从容；有的喜欢豪饮，有的滴酒不沾；有的英俊热情，有的呆板冷漠。”这样的描述使得急于创业的年轻人感到扑朔迷离，仿佛纯粹是偶然性在决定着一个人能否成为成功的企业家。但实际上，在对成功的自营企业和企业家进行调查与分析后，发现成功的创业者往往具备相同的基本素质。创业者应具备的基本素质如图 2-1 所示。

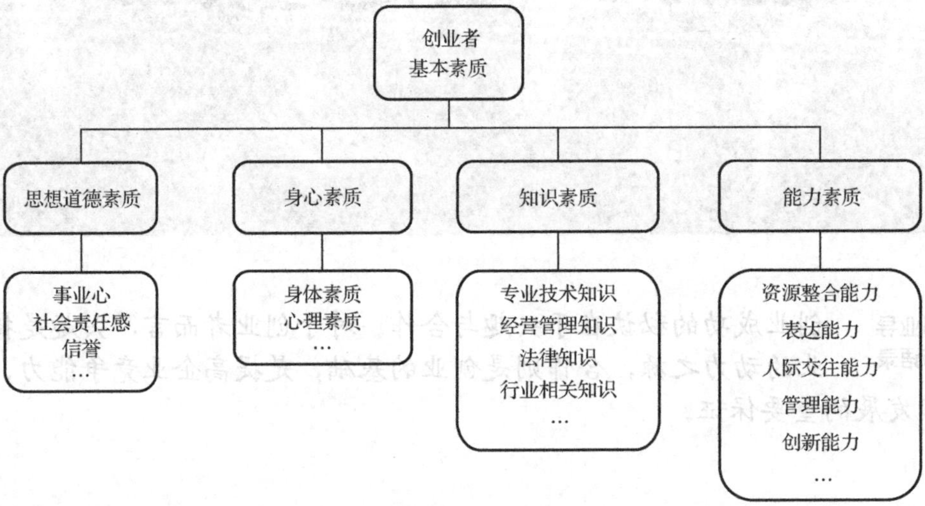


图 2-1　创业者应具备的基本素质

### 1. 思想道德素质

（1）事业心。一个成功的创业者应具有强烈的事业心，具体体现在对创业目标有明确的定位并能为之不懈奋斗的精神状态上。正因为有了明确的目标，并能克服重重困难，才可能把商机转化为生意。

（2）社会责任感。创业不仅要讲经济效益，还应追求社会效益。创业者必须具有强烈的社会责任感，在局部利益、个人利益与整体利益、社会利益、国家利益出现矛盾的时候，应以大局为重。

（3）信誉，是企业最宝贵的无形资产，是创业的立足之本。市场经济已进入诚信时代，作为一种特殊的资本形态，诚信亦成为企业的立足之本与发展源泉。在普遍倡导“诚信”的今天，诚实守信无疑是成功创业者最重要的品质。

### 2. 身心素质

俗话说身体是革命的本钱，要想成功创业，健康是第一前提。但这里的健康不仅是指身体健康，还指在心理上能够承受外界的压力，能及时对环境的变化做出调整，以一种恰当的心态来面对工作和生活中的问题。心理上的健康对企业家的创业来说尤其重要，毕竟创业不是水到渠成的童话，企业家将面临很多困难和挑战，要处理许多关系和问题，要承受诸多风险和压力，没有健康的身心和充沛的精力是很难出色高效地完成工作的。因此，作为一个创业者，应该让身体与心理都保持健康。

### 3. 知识素质

创业者的知识素质对创业起着举足轻重的作用。创业者要进行创造性思维，作出正确决策，必须掌握广博的知识，具有一专多能的知识结构。具体来说，创业者应该具有以下几方面的知识：

（1）专业技术知识。专业技术知识是创业者开展专业生产与经营的基础。创业者如果没有一定深度的专业知识就不会有创新，没有一定广度的学科知识就难以实现产品的商业化。创业者不仅要学习和掌握课堂知识，还要在加深理解的基础上通过实践项目不断摸索进行提高和完善。创业者尤其要重视在创业过程中积累的专业技术经验和职业技能，对重要的知识与方法等要进行详细记录、认真分析和总结归纳。

（2）经营管理知识。经营管理贯穿了创业的全过程，每一阶段的管理要求是不同的，创业者必须具有一定的管理理论知识。创业者要在决策、人力资源、财务、市场、品牌等方面具备一定的理论知识，要懂得人力资源的招聘途径、员工的激励方法，要了解资金的融通、分配、使用、评价，要明了市场情况和销售渠道、经营方法，要学会如何促进企业的快速成长、提高新创企业的知名度。

（3）法律知识。创业活动是一个艰辛的创造性过程，其中可能有些行为与现行法律有相抵触的地方，这就要求创业者应具备良好的法律意识和法律修养，做到用足、用活政策，依法行事，用法律维护自己的合法权益。

（4）行业相关知识。创业涉及诸多领域，要想成功创业必须掌握一定的行业相关知识，只有掌握与本行业相关的知识，才能依靠科技进步增强企业竞争能力。

### 4. 能力素质

创业者至少应具有资源整合能力、语言和书面表达能力、人际交往能力、管理能力和创新能力五项基本能力。

（1）资源整合能力。创业者在创业之初总是在资源稀缺的条件下从事创业活动，这时应学习如何借用外力，利用自身的资源整合外部资源，达到 1+1>2 的效果。整合资源能力的培养是创业能力的重要组成部分。

（2）表达能力。创业必须与投资者、政府部门、客户、消费者进行沟通，其语言表达能力十分重要。创业者的口语表达要做到清楚、流畅、准确、简洁、生动，不能喋喋不休、夸夸其谈。创业者要向投资者提供商业计划书或创业计划书等投资计划文件，这对创业者的文字写作能力也提出了较高的要求。

（3）人际交往能力。创业者要善于与人交往。创业之初，几乎所有的事情都得创业者自己去办。创业者要同各行业、部门的人员打交道，若不善于人际交往，创业就会十分困难。

（4）管理能力。这是创业者必备的条件之一，主要包括决策能力、组织能力、计划能力、控制能力、领导能力和协调能力等，而且还应具备经营能力、谈判能力和推销能力。

（5）创新能力。新创企业若想成长壮大、不断开发新产品，就要求创业者必须具备创新能力，包括制度创新能力、管理创新能力、产品创新能力等。

**创业小贴士** 想做事，先做人，只有脚踏实地先做好人，才能把事做好。实事求是，顺应天道酬勤的自然规律，自然能在创业的路上走得更远。

——陈健帆

## 2.1.2 如何提升创业者素质

如前所述，创业素质影响着创业的成败，因此要清楚地认识到若想创业成功，需要具备全面的素质。这也要求创业者要有不断提高自身素质的自觉性和实际行动，以更好地满足创业所需。我们认为大学生创业者要从以下几个方面提升自身全面素质。

### 1. 学习创业课程，提升创业素质

创业课程包括综合类课程、学科课程和实践课程。综合类课程旨在激发创业意识，培养创业品质和规范创业道德，学科课程侧重传授创业知识和技能，实践课程则侧重培养创业知识技能的实际运用，即常说的创业模拟训练。三类课程彼此融合、互相作用，在实现创业者全面素质提升方面形成了相互补充、综合对应的立体化关系。创业教育课程体系如图 2-2 所示。

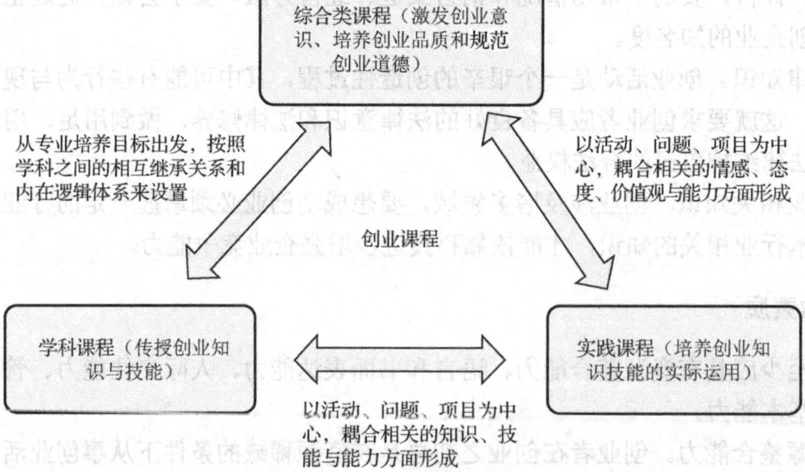


图 2-2　创业教育课程体系

在新的经济建设时期，社会对创业者的全面素质提出了更高的要求。在此背景下，许多高校积极探索和完善了创业教育的课程体系，改进了课程教学形式，加强了课程师资力量，切实提高了创业教育质量，为有意于创业的大学生们提供了创业所需的基础。因此，大学生创业者可根据自身的具体情况，择其重点，加强学习，提升自身的全面素质，为下一步的创业打下坚实的基础。

### 2. 补足精神上的“钙”，塑造良好的创业品格

创业活动是一种经济活动，与各种利益密切相关，其中也会存在许多诱惑。价值观就是大学生在创业道路上的“钙”，如果没有正确的价值观，创业的理想信念就会不坚定，以至“缺钙”，甚至得“软骨病”。其主要表现：为了蝇头小利，不讲诚信，道德水平下滑，坑蒙拐骗，甚至不惜牺牲国家利益，做出违法乱纪的事情。这样终将害人害己，使创业走向失败的道路。因此，树立正确的价值观，能够帮助大学生培养良好的思想道德素质，在创业的道路上正确地做出分析、判断和决策，也能在未来发展中处理好个人与社会、个人与国家、个人与集体、现实与理想、利益与道德之间的关系，做到遵守社会公德、讲诚信、遵纪守法，塑造当代大学生良好的创业品格。

大学生创业品格的塑造过程也是不断修正自己对创业认识的过程，在这个过程中需要对自己的理想信念进行重组，对现实生活中的自我价值积极地发现和肯定，并不断地定位自己在社会中的位置。在这个过程中大学生要学会获得相应的创业知识、创业能力，还要准确定位自身应有的态度、情感和价值。将个人的生活过程和创业活动联系起来，选择一种“纯粹的、高尚的、有道德的”创业方式，在创业实践中体会生命的意义和价值，追求人生的幸福感和卓越感，从而达到“大众创业、万众创新”背景下大学生创业素质提升的理想境界。

### 3. 加强实践锻炼，提升创业能力

古人云：“纸上得来终觉浅，绝知此事要躬行。”读书做学问如此，创业亦不例外。如果无法将所掌握的创业知识、技能学以致用，那么创业是很难成功的。通过对一些大学生创业失败案例进行分析，我们发现大学生掌握的理论知识和实践能力之间存在着“剪刀差”，即掌握的理论知识属于优等，但实践能力水平相对较低，实践能力滞后于理论知识的掌握，导致两者之间经常会产生明显的程度差异，所以，大学生要加强创业实践锻炼。

要想创业成功，除了理论知识，还需要具备创业能力。创业能力是决定创业是否能够成功的关键所在，这就涉及知识和能力相互转化的问题。实践是创业知识和创业能力相互转化的有效方法。大学生们要关注自身的实践需要，紧紧抓住一切锻炼的机会，直面创业所要面临的真实而复杂的实践问题，例如创业的资金来源问题。中国人民大学发布的《2017中国高校学生创新创业调查报告》显示，高达61.37%的高校学生认为创业资金是创新创业过程中最主要的困难，其次则为缺乏社会关系和管理经验。其中后面两方面在高校学生中的占比分别达15%和11.6%，大学生创新创业过程中遇到不同困难的调查结果如图2-3所示。

可见，资金问题是影响大学生创业的主要问题。因此，大学生创业首先需要解决的问题就是资金问题。但应如何解决？我们认为，除了向政府和学校申请资金扶持外，大学生们可以在大学期间有意识地培养自己筹措资金的能力。譬如，大学生可以利用一些节假日进行小成本的买卖，利用日常课余的时间做兼职，成为某种产品或服务的校园代理，开展勤工俭学，参与校企合作的实训基地工作等，这些都是锻炼自己很好的机会和平台，也是普通大学生创业者积累资金的有效渠道。正所谓积少成多，积水成渊，积土成山。若能通过这些形式丰富自身的实践经验和体验，也能及时、有效地将理论知识融入到创业实践中，通过理论知识在实践中的运用，促进知识和能力的相互转化。

### 4. 加强人文素养，促进全面发展

人文素养，是一个人内在涵养气质和外在精神风貌的综合表现。人文素养对主体的价值

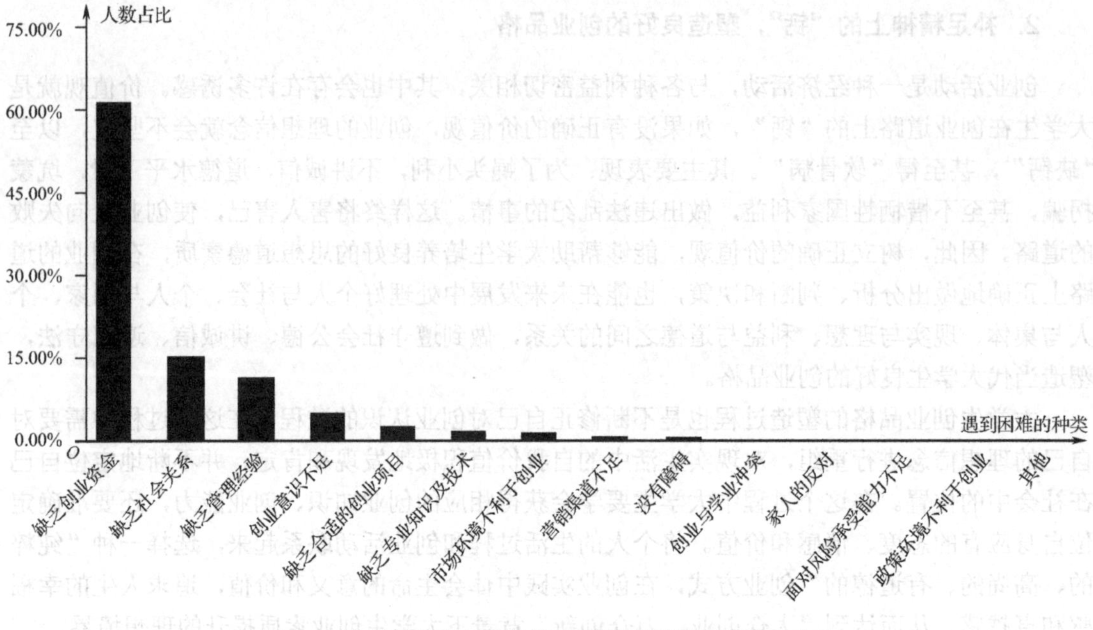


图 2-3　大学生创新创业过程中遇到不同困难的调查结果

选择和发展具有决定作用，也就是说人文素养有助于大学生正确价值观念的形成、创造性思维能力的提升和道德及心理素质的培养。因此，要加强自身人文素质的自我教育和修炼，大学生们可通过熟读经典作品、参与公益活动、学习楷模等方式，营造志趣高雅的浓厚氛围。在思考、感悟、理解中认识自我，评价自我，完善自我，努力超越自我、成就自我，不断提升自己的人文素养。

## 故事分享 9　为兴趣创业，大学期间卖出万台望远镜

就读于辽宁中医药大学的于金池，在一年级时开始尝试利用课余时间代销天文望远镜、显微镜、照相器材等光电仪器。后来，他非常成功地成为 25 家国际国内知名品牌的代理商和经销商，年收入颇丰。

于金池从小就喜欢望远镜。念大学时，他利用学校每年组织同学到千山采药的机会，找代理商买望远镜，每台加价一二十元卖给同学，受到同学们的大力欢迎。在大学期间，于金池通过此项业务赚了近 50 万元。

创业开始阶段，于金池为了从正规厂家进货，坐飞机去外地与厂家谈判。但因为他太年轻，开始时别人根本不信任他，只给了他少量货品，价格还不便宜。但随着时间的推移，于金池的诚信和营销策略令厂家刮目相看。

在二三年级时，于金池的望远镜销量增长迅猛，在全省销量排第一名，单是某个品牌的望远镜就卖出上百万元的业绩。代理公司特聘他为公司技术顾问，并将公司在辽宁省的代理权免费授予他，仅此一项，于金池就省了 50 万元代理费。

于金池在现有市场开发良好的情况下，又另辟蹊径找到销售新渠道。他认为只有做到与众不同才可以赢得市场，他将天文爱好者发展成为客户，还组织成立沈阳市天文爱好者协会，与一些天文专家学者结交成为好朋友。协会经常组织中小学生到天文台免费参观，并在辽宁大学、东北大学等高校设立了分会。如此一来，于金池将沈阳市的天文爱好者

逐渐聚集到一起，生意也越来越好，销量更是翻了好几番。

于金池的思路越来越开阔，下一步，他准备办天文培训班，使更多的天文爱好者聚集在一起了解和研究天文知识。他认为“聚”才会有“财”。

启示：兴趣是最好的老师，面对广阔的创业市场，从身边熟悉的事物中寻找灵感，也许这就是你最大的优势，也是你创业版图的起点。它可能会是你成功路上的捷径。

### 故事分享 10 “90 后”的小切糕创业路

2012 年，正在上大学的刘思源被一位称为“切糕王子”的大学生事迹触发了创业灵感。2013 年，刘思源趁着寒暑假去了两趟西部的大城市，找到当地制作切糕的老艺人，亲自走进家庭作坊，认真观看制作过程。此外，他还做了充分的市场调查，找到当地知名的切糕专卖店，现场观看制作工艺。在考察市场的过程中，刘思源一直在思索一个问题：作为西域传统美食，切糕很受当地人欢迎，但为何没能进入更广阔的市场？

通过市场考察，他明确了产品开发的方向，最终确定了“把切糕体积缩小、切薄，做成小包装；提高果仁含量，降低糖分比例”的改良思路。确定创业方向后，刘思源和 4 名同伴开始了创业之路，成立了湖北襄阳阿拉迪食品科技开发公司，计划通过网络销售“小切糕”产品。

经过 3 年的研发，凭借着出色的创意和可口的产品，“小切糕”在 2015 年湖北省农村青年电商创业大赛中获得初创组第一名。在产品投入市场后很快就吸引了 40 多位全国各地的微商代理加盟。

启示：生意无论大小，创业无所谓高低，找准市场，功到自然成。

扫一扫下载阅看案例：俞敏洪谈创业。

## 任务 2.2 组建与管理创业团队

团队在创业过程中具有重要的意义。美国的一项研究表明，83.3%的高成长企业是由团队建立的，团队创业型企业的成长性明显优于独自创业型企业。而创业团队的优势就在于能将具有不同特征、知识、技能和能力的人聚集在一起，并创造更好的创业绩效。

### 2.2.1 创业团队的类型和角色作用

#### 1. 创业团队的含义

所谓创业团队是指在创业初期（包括企业成立前和成立早期），由一群才能互补、责任共担、愿为共同的创业目标而奋斗的人所组成的特殊群体。

一般来说，创业团队由下面四个要素组成：

（1）目标，是将人们的努力凝聚起来的重要因素，从本质上来说创业团队的根本目标在于创造新价值。

（2）人员，任何计划的实施最终要落实到人的身上去。人作为知识的载体，所拥有的知识对创业团队的贡献程度将决定企业在市场中的命运。

（3）角色分配，即明确团队成员在新创企业中担任的职务和承担的责任。

（4）创业计划，即制订成员在不同阶段要做的工作以及应该怎样做的指导计划。

### 2. 创业团队的类型

从不同的角度、层次和结构，可以划分为不同类型的创业团队。依据创业团队的组成者来划分，创业团队有星状创业团队、网状创业团队和从网状创业团队中演化而来的虚拟星状创业团队。

#### 1）星状创业团队

星状创业团队中有一个核心人物充当了领队的角色。这种团队在形成之前，一般是核心人物有了创业的想法，然后根据自己的设想进行创业团队的组织。因此，在团队形成之前，核心人物就已经对团队的组成进行过仔细思考，根据自己的想法选择相应人员加入团队。这些加入创业团队的成员也许是核心人物以前熟悉的人，也有可能是不熟悉的人，但这些团队成员在企业中更多时候是支持者的角色。

星状创业团队的特点如下：

（1）组织结构紧密，向心力强，主导人物在组织中的行为对其他个体影响巨大。

（2）决策程序相对简单，组织效率较高。

（3）容易形成权力过分集中的局面，从而使决策失误的风险加大。

（4）当其他团队成员和主导人物发生冲突时，因为核心主导人物的特殊权威使其他团队成员往往处于被动地位，在冲突较严重时，其他团队成员一般会选择离开团队，因而对组织的影响较大。

星状创业团队的典型实例：如太阳微系统公司（Sun Microsystem）最初创立时就是由维诺德·科斯拉（Vinod Khosla）确立了多用途开放工作站的概念，接着他找到比尔·乔伊（Bill Joy）和安迪·贝克托森（Andy Bechtolsheim）两位分别在软件和硬件方面的专家，以及具有实际制造经验和善于处理人际关系的斯科特·马克尼里（Scott McNealy），以此组成了公司的创业团队。

#### 2）网状创业团队

网状创业团队的成员一般在创业之前关系密切，比如同学、亲友、同事、朋友等。一般是在交往过程中，共同认可某一创业想法，并就此达成共识后，开始共同创业。在创业团队组成时，没有明确的核心人物，大家根据各自的特点进行自发的角色定位。因此，在企业初创时期，各位成员基本上扮演的是“协作者”或者“伙伴”角色。

网状创业团队的特点如下：

（1）团队没有明显的核心，整体结构较为松散。

（2）组织决策时，一般采取集体决策的方式，通过大量的沟通和讨论达成一致意见，决策效率相对较低。

（3）由于团队成员在团队中的地位相似，因此容易在组织中形成多头领导的局面。

（4）当团队成员间发生冲突时，一般都采取平等协商、积极解决的态度消除冲突，团队成员不会轻易离开。但是一旦团队成员间的冲突升级，使某些团队成员撤出团队，就容易导致整个团队的涣散。

网状创业团队的典型例子是微软公司的比尔·盖茨和童年玩伴保罗·艾伦，惠普公司的戴维·帕卡德和他在斯坦福大学的同学比尔·休利特等。多家知名企业的创建都是创始人间关系密切，又通过一些互动，激发出创业点子，之后合伙创业。

3）虚拟星状创业团队

虚拟星状创业团队是由网状创业团队演化而来的，基本上是处于前两种形式之间的中间形态。在虚拟星状创业团队中，有一个核心成员，但是该核心成员地位的确立是团队成员协商的结果，因此从某种意义上说核心人物是整个团队的代言人，而不是主导型人物。其在团队中的行为必须充分考虑其他团队成员的意见，不如星状创业团队中的核心主导人物那样有权威。

### 3. 创业团队的作用

创业团队是由少数具有技能或资源互补的创业者组成的，其目的在于通过合理利用每位成员的资源、知识和技能协同工作，解决问题，达到共同的目标。由此可见，组建创业团队的核心作用在于成员的技能或资源的互补。

1）创业团队互补的意义

调查发现，创业者进行合伙创业的比例为61%，独自创业的比例为39%，这表明创业者更倾向于合伙创业。主要原因是合伙创业有利于分散创业的失败风险，通过团队成员间的技能互补，提高企业家驾驭环境不确定性的能力，从而降低新企业的经营风险。更重要的是，合伙创业具有更强的资源整合能力，能同时从多个融资渠道获取创业资金，使得创业资金有所保障。

另据统计数据报道，新成立的企业只有20%能生存5年或更长的时间，而35%的新企业在开业当年就失败了，新成立的企业能够生存10年的仅有10%。尽管这些数字的准确程度值得商榷，但是不可否认，创业企业因为资金、技术相对较弱，管理方面也缺乏经验，要想获得成功则须付出更大的努力。在这其中很关键的一点就是必须高度重视创业团队的组织设计，而如何组建一个高效、优势互补的团队，也是创业过程的重中之重。

2）创业团队互补的途径

从人力资源管理的角度来看，建立优势互补的创业团队是保持创业团队稳定的关键。创业者需要什么样的创业团队，依赖于创业机会的性质和核心创业者的创业理念。形成一个团队的关键是核心创业者如何评价其创业战略。

创业者要思考创业团队需要什么样的才能、技能、技巧、关系和资源，弄清已经具备什么条件以及还需补充什么。创业团队是人力资源的核心，“主内”与“主外”的不同人才，耐心的“总管”和具有战略眼光的“领袖”，技术与市场两方面的人才都不可缺少。创业团队的组织还要注意个人的性格与看问题的角度，如果在团队中有能经常提出建设性、可行性建议的和能不断发现问题的成员，对于创业过程将大有裨益。

研究表明，大多数创业团队组成时，并不是考虑到成员专业能力的多样性，而是因为有相同的技术能力或兴趣，至于管理、营销、财务等能力则较为缺乏。因此，要使创业团队能够发挥其最大的能量，在创建一个团队的时候，不仅要考虑相互之间的关系，更重要的是考虑成员之间能力或技术上的互补性，包括功能性专长、管理风格、决策风格、经验、性格、个性、能力、技术以及未来的价值分配模式等特点上的互补，以此来达到团队的平衡。

创业小贴士　如果我用个人的能力，可以赚一个亿，这些钱100%是我的；但我用十个人的时候，我们可能赚到十个亿，虽然我只有 10%，同样是一个亿，但我们的事业变大了。

——张近东

**4. 创业团队成员的角色构成和贡献**

创业团队由很多成员组成，那么这些成员在团队里该扮演什么样的角色，对团队完成既定的任务起着什么样的作用？团队中缺少什么样的角色，候选人擅长什么、欠缺什么？什么样的人与团队现有成员的个人能力和经验是互补的？这些都是需要创始人首先界定清楚的。这样我们就可以利用角色理论挑选和配置成员，使成员间优势互补。因为创业不仅是自身资源的合理配置，更是各种资源调动、聚集、整合的过程。

不同角色在团队中发挥着不同的作用，因此，团队中不能缺少任何角色。一个创业团队要想紧密团结在一起，各种角色的人才都不可或缺。

（1）创新者提出观点。没有创新者，思维就会受到局限，点子就会匮乏。创新是创业团队生产、发展的源泉。

（2）实干者运筹计划。没有实干者的团队会显得比较乱，因为实干者的计划性很强。“千里之行，始于足下”，有了好的创意还需要靠实际行动去实践。实干者在企业人力资源中应该占较大的比例，他们是企业发展的基石，只有通过实干者踏实努力的工作，美好的愿景才会变成现实，团队的目标才能实现。

（3）凝聚者润滑调节各种关系。没有凝聚者的团队人际关系会比较紧张，发生冲突的情形会更多一些，团队目标的完成可能会受到冲击，团队的寿命也将缩短。

（4）信息者提供准确的信息。没有信息者的团队会比较封闭，不能及时了解外界发生了什么事。当今社会，信息是企业发展必备的重要资源之一，创业团队要在社会中生存和发展，需要准确、及时的信息。

（5）协调者协调各方利益和关系。没有协调者的团队领导力会削弱，因为协调者除了要有权力性的领导力外，更要有一种号召力来帮助领导树立个人影响力。从某个角度说管理就是协调，各种背景的创业者凝聚在一起经常会出现分歧和争执，这就需要协调者来调解。

（6）推进者促进决策的实施。没有推进者，团队的效率可能会较低，推进者是创业团队进一步发展的“助推器”。

（7）监督者监督决策实施的过程。没有监督者的团队会大起大落，做得好会大起，做得不好也没有人去发现问题，这样就会大落。监督者能够使创业团队健康成长。

（8）完美者注重细节，强调高标准。没有完美者的团队线条会显得比较粗，因为完美者更注重品质、标准。在创业初期，不必过于追求完美，但在企业逐渐成长的过程中，完美者要迅速地发挥作用，弥补企业中的缺陷，为做大做强企业打下坚实的基础。现代管理界提出的“细节决定成败”观点，进一步说明完美者在企业管理和发展中的重要作用。

（9）专家为团队提供指导。一个企业若没有专家，业务就无法深入发展，企业的发展也将受到限制。

### 2.2.2 创业团队的组建

#### 1. 组建创业团队的基本原则

团队成员是创业者常常想到的事情，特别是在创业之前的创意阶段。何时组建创业团队，依赖于核心创业者与创业机会之间的匹配，以及其计划中推动企业向前发展的速度和积极性。在组建团队时要先思考团队成员需要具备什么技能、技巧和专业知识，需要履行什么关键任务，需要哪些外部资源，核心创业者的不足在哪里，企业有多大的财力，企业是否需要增加董事会成员或外部咨询人员来获得专门知识……对这些问题的思考也决定着在什么时间需要什么样的团队成员。通常情况下，组建创业团队应把握以下几个基本原则：

（1）目标明确合理。目标必须明确，这样才能使团队成员清楚地认识到共同的奋斗方向是什么。与此同时，目标也必须是合理、切实可行的，这样才能真正达到激励的目的。

（2）成员互补。创业者之所以寻求团队合作，其目的就在于弥补创业目标与自身能力之间的差距。只有当团队成员在知识、技能、经验等方面实现互补时，才有可能通过相互协作发挥“1+1>2”的协同效应。

（3）精简高效。为了减少创业期的运作成本，最大比例地分享成果，创业团队的人员构成应在保证企业能高效运作的前提下尽量精简。

（4）动态开放。创业过程是一个充满了不确定性的过程，团队中可能会因为能力、观念等多种原因不断有人离开和加入。因此，在组建创业团队时，应注意保持团队的动态性和开放性，使真正需要的人员能被吸纳到创业团队中来。

**创业小贴士** 创业要找最合适的人，不一定要找最成功的人。

——马云

#### 2. 组建创业团队的模式

创业团队投资是一种创业性投资活动。创业团队投资由于投资时机、投资对象选择、资本额的大小、对投资收益的期望值等原因的存在而具有较高的风险，所以对于这类投资活动采取何种组织形式，对于投资本身及其成效具有重要影响。一般而言，创业团队在创业投资时可采用的组织形式主要有公司制、合伙制两种，两种形式各有其特点。

1）公司制

创业投资采用公司制形式，即设立有限责任公司或股份有限公司，运用公司的运作机制及形式进行创业投资。采用公司制的优势主要体现在以下几个方面：一是能有效集中资金进行投资活动；二是公司以自有资本进行投资有利于控制风险；三是对于投资收益，公司可以根据自身发展，作必要扣除和提留后再进行分配；四是随着公司的快速发展，可以申请对公司进行改制上市，使投资者的股份可以公开转让，以便套现资金用于循环投资。有限责任公司是由50个以下的股东出资设立，每个股东以其认缴的出资额为限对公司承担有限责任，公司法人以其全部资产对公司债务承担全部责任的经济组织。股份有限公司是指全部资本划分为等额的股份，通过向社会发行的方法筹集资金，股东以其所认购股份对公司承担责任，公司以其全部资产对公司债务承担责任。一般非家族成员的创业者采用公司制比较多。

2）合伙制

合伙制是指依法在中国境内设立的由各合伙人订立合伙协议，共同出资、合伙经营、共享收益、共担风险，并对合伙企业债务承担无限连带责任的赢利性的经营组织。创业团队投资采取合伙制，有利于将创业投资中的激励机制与约束机制有机结合起来。

合伙人执行合伙企业事务有两种形式，一种是由全体合伙人共同执行合伙企业事务，另一种则是委托一名或数名合伙人执行合伙企业事务。全体合伙人共同执行合伙企业事务是指按照合伙协议的约定，各个合伙人直接参与经营，处理合伙企业的事务，对外代表合伙企业。委托一名或数名合伙人执行合伙企业事务是指由合伙协议约定或全体合伙人决定一名或数名合伙人执行合伙企业事务，对外代表合伙企业。在我国现阶段，主要有四种合伙形式：亲戚间合伙、家族内合伙、朋友间合伙、同事间合伙。咨询类、律师事务所和会计师事务所多数采用合伙制形式。在我国农村，许多农民创办企业都采用了合伙制形式。在全世界90%以上的小企业中有80%属于家族企业，甚至在《财富》杂志排名前500家的大企业中，有接近1/3的企业被家族控制。但不同类型的合伙形式都有自身的优势和不足。就家族合伙制来说，创业时期凭借创业者的血缘关系、类似血缘关系，能够以较低的成本迅速网罗人才，团结奋斗，甚至不计较报酬，从而使企业能在短时间内获得竞争优势。此外，企业内部信息沟通较为顺畅，对外部市场信息反馈比较及时，总代理成本比其他类型的企业低。但这种企业类型的缺点是难以获得优秀的人才，在某种程度上也制约了其发展速度。

### 3. 组建创业团队的程序和方法

创业者在有了创业点子后，可以采用以下方法组建创业团队：

（1）撰写创业计划书。通过撰写创业计划书，进一步使自己的思路清晰，也为后面寻找合作伙伴奠定基础。

（2）进行优劣势分析。认真分析自我，发掘自己的特长，找出自己的不足。创业者首先要对自己正在或即将从事的创业活动有足够清晰的认识，并使用SWOT（优劣势）法分析自己的优缺点、性格特征、能力特征、拥有的知识、人际关系以及资金等方面的情况。

（3）确定合作形式。通过第二步的分析，创业者可以根据自己的情况，选择有利于实现创业计划的合作方式，通常是寻找能与自己形成优势互补的创业合作者。

（4）寻求创业合作伙伴。创业者可以通过媒体广告、亲戚朋友介绍、各种招商洽谈会、因特网等形式寻找创业合作伙伴。

（5）沟通交流，达成创业协议。找到有创业意愿的创业者后，双方还需要就创业计划、股权分配等具体合作事宜进行深层次、多方位的全面沟通。只有前期充分的沟通和交流，才不会导致正式创业后，出现创业团队因沟通不畅引起的解体。

（6）落实谈判。在双方充分交流达成一致意见后，创业团队还需对合伙条款进行谈判。

### 4. 组建创业团队应注意的一些问题

不同的创业者在共同创业愿景的鼓舞下，容易形成创业团队。但要组建一支优秀的创业团队对任何创业者而言，都是一项至关重要的工作。组建创业团队应该注意以下问题：

（1）成员必须有共同的愿景和理念。创业团队成员的理念、能力、经验都是影响企业成败的关键因素。成功的创业企业必须要由具有共同愿景、理念、价值观的成员组成。创业过程充满风险和艰辛，只有具有共同愿景和理念的团队在碰到困难时，才能够同心协力、共渡难关。

（2）明确股权分配。俗话说“亲兄弟，明算账”“先小人，后君子”，意思就是凡涉及权利义务与利益分配的问题，要事先约定好，既不能感情用事，也不能回避不谈。企业在创办初期就要明确团队成员的股权份额，否则后患无穷。当然，这并不意味着股权要平均分配，团队核心人员对公司的贡献较大，应该多占有一些股份。比如微软公司初创时，比尔• 盖茨与保罗• 艾伦经过讨论，形成一个正式的协议，由比尔• 盖茨占有微软公司全部份额的 64%，保罗• 艾伦占有微软公司全部股份的 36%。他们二人的关系非常好，但他们之间的经济关系却很清楚，这就是好朋友明算账，这种关系也使他们保持了长久的朋友关系。

（3）实施合理的分配方案。创业团队以法律文本的形式确定一个清晰的利润分配方案。把最基本的责、权、利界定清楚，尤其是股权、期权和分红权，此外还包括增资、扩股、融资、撤资、人事安排等与团队成员紧密相关的事宜。关于如何分配的问题，目前还没有任何有效的公式可以套用，也没有简单且行之有效的答案。不过，创业企业可以从下述几个方面入手：一是体现差异化。虽然民主方案可能行得通，但是与根据个人贡献价值不同而实行的差异化方案相比，它包含的风险和潜在的危险较大。一般情况下，不同的团队成员对企业做出的贡献是不同的，因此合理的报酬制度应该反映出这种差异。二是注重业绩。报酬应该是业绩（而非努力程度）的函数，而且该业绩应该是每个人在企业早期运作的整个过程中所表现出来的业绩，而不仅仅是此过程中某一阶段的业绩。有许多企业团队成员在企业成立几年内所做的贡献程度变化很大，但报酬却没有多大的变化，这种不合理的报酬制度将严重影响企业的团结和稳定。三是充分考虑灵活性。各团队成员在某个时间段的贡献也有大小之分，而且会随着时间的流逝而发生变化，其业绩也可能同预期效果有较大出入。另外，团队成员很可能会出于种种原因而被替换，在此情况下就需要另外招聘新成员加入到现有团队中来。灵活的报酬制度包括股票托管、提取一定份额的股票以备日后调整等，这些机制有助于使团队成员产生公平感。

### 2.2.3　创业团队的管理

任何组织的发展，都离不开优秀的团队，进行团队管理，打造优秀团队，对一个组织来说至关重要。对于一个成立不久的创业型团队来说，团队管理更为重要，它关系着企业的生死存亡。

#### 1. 培育创业团队精神

所谓团队精神，是一种团队所有成员都认可的集体意识。团队精神是高绩效团队的灵魂。简单来说，团队精神，就是大局意识、服务意识和协调意识的综合体。它反映着团队成员的士气，是团队所有成员价值观与理想信念的基石，是凝聚团队、促进团队进步的内在力量。

团队精神非常重要，每个人都要将自己融入集体，充分发挥出个人的作用。而团队精神的核心就是协同合作，这对任何一个组织来讲都是不可缺少的精髓。“一根筷子易折断，十根筷子折不断”，也是团队精神重要性的直观表现。

“一个和尚挑水喝，两个和尚抬水喝，三个和尚没水喝。”“一只蚂蚁来搬米，搬来搬去搬不起，两只蚂蚁来搬米，身体晃来又晃去，三只蚂蚁来搬米，轻轻抬着进洞里。”上面这两种说法有着截然不同的结果，虽然“三个和尚”是一个团体，但他们互相推诿、不讲协作；而蚂蚁之所以能“轻轻抬着进洞里”，也正是团结协作的结果。

创业团队精神培育的关键在于团队成员间因彼此信任而建立的一种快乐工作和积极进取的氛围。没有信任就没有尊重，也就没有相互间的关怀和支持。按照 Gorfen.F.Shea 的观点，可以把信任描述为“组织生命中产生奇迹的因素——一种减少摩擦的润滑油，把不同部件组合到一起的联结剂，有利于行动的催化剂，它对工作的作用无可替代。”一般而言，信任定义为对其他个体所形成的整体的信心。创业团队成员间的信任程度，在一定程度上取决于是否建立了有效的沟通机制。经验表明，理解与信任不是一句空话，往往一个小误会反而会给管理带来无尽的麻烦。举例来说，有一个雇员要辞职，雇主说：“你不能走啊，你非常出色，之前的做法都是为了锻炼你，我就要提拔你了，我还要奖励你！”可是，雇员却认为雇主在骗人，他废寝忘食地工作，反而没有不如他工作努力的人的收入高，这让他如何甘心！他们两人一个想重用人才，一个想为企业发挥自己的才能，但因为没有较好的沟通机制，使双方都受到了伤害。

**创业小贴士**　三流的企业人管人，二流的企业制度管人，一流的企业文化管人。

## 2. 建立创业团队的激励机制

创业团队成员本身具有分离倾向，团队管理稍有松懈就可能导致团队绩效的大幅下降。根据美国国民数字模拟半导体公司团队的管理经验，领导者变更、计划不连续、裁减成员、规则不连续等情况，都会冲击团队的合力。如果缺乏有效的激励，团队、组织的生命便难以长久。而有效激励则是企业长久保持团队士气的关键，它要求给予团队成员合理的“利益补偿”。

激励是人们朝着某一特定方向或目标而行动的倾向，这种倾向来自于被人们所感知的内在驱动力和紧张状态。激励就是激发人的积极性和主动性，最终达到提升个人绩效和组织绩效的目的。个人绩效提升了，就会获得更大的激励。

不同的激励类型对行为过程会产生程度不同的影响，所以激励类型的选择是做好激励工作的先决条件之一。

一提起员工激励，很多人都会想到涨工资或发奖金。实际上激励是对员工需求的满足，员工的需求是多种多样的，所以激励的途径也是多种多样的。物质激励（涨工资或发奖金等）只是其中的一种途径，其实还有许多其他途径。我们可以根据激励的性质不同，将激励分为四类：成就激励、能力激励、环境激励和物质激励，如图 2-4 所示。

### 1）成就激励

随着社会的发展、人们生活水平的提高，越来越多的人在选择工作时已经不仅仅是为了生存。对知识型员工而言，工作更多是为了获得一种成就感，所以成就激励是员工激励中一个非常重要的内容。根据作用不同，可以把成就激励分为六个方面，如图 2-5 所示。

**（1）组织激励**

在公司的组织制度上为员工参与管理提供方便，更容易激励员工职业化，提高工作的主动性。管理者首先要为每个岗位制定详细的岗位职责和权利，并让员工参与到制定工作目标的决策中来。在工作中，要让员工对自己的工作过程享有较大的决策权，以此达到激励的目的。

**（2）榜样激励**

榜样的力量是强大的。公司可以将优秀的员工树立成榜样，让员工向他们学习。虽然这

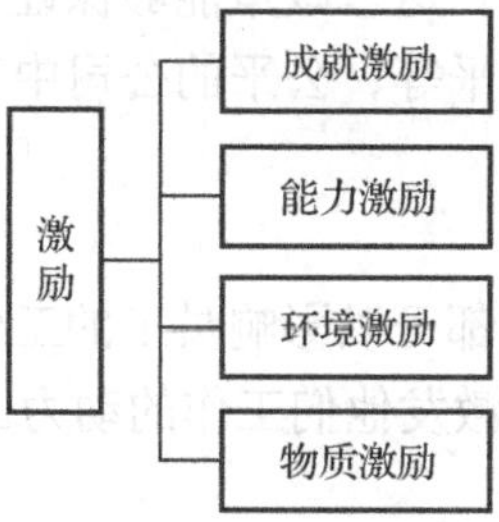

图 2-4　激励的类型

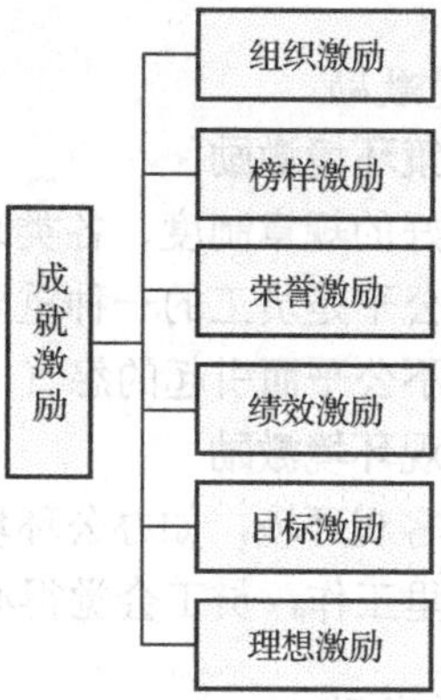

图 2-5　成就激励的种类

个方法有些陈旧，但实用性很强。就像一个坏员工可以让大家学坏一样，一位优秀的榜样也可以改善员工的工作风气。

**（3）荣誉激励**

例如为工作成绩突出的员工颁发荣誉称号，代表着公司对这些员工工作的认可。让员工知道自己是出类拔萃的，更能激发员工工作的热情。

**（4）绩效激励**

在绩效考评工作结束后，让员工知道自己的绩效考评结果，有利于员工清楚地认识自己。如果员工清楚公司对他工作的评价，就会对他产生激励作用。

**（5）目标激励**

为那些工作能力较强的员工设定一个较高的目标，并向他们提出工作挑战。这种做法可以激发员工的斗志，使他们更出色地完成工作。这种工作目标挑战如果能结合一些物质激励，效果会更好。

**（6）理想激励**

每位员工都有自己的理想，如果他发现自己的工作是在为自己的理想而奋斗，就会焕发出无限的热情。管理者应该了解员工的理想，并努力将公司的目标与员工的理想结合起来，实现公司和员工的共同发展。

2）能力激励

为了让自己将来生存得更好，每个人都有发展自己能力的需求。我们可以通过培训激励和工作内容激励来满足员工这方面的需求。

**（1）培训激励**

培训激励对青年人尤为有效。通过培训，可以提高员工实现目标的能力，为承担更大的责任、更富挑战性的工作及提升到更重要的岗位创造条件。在许多著名的公司里，培训已经成为一种正式的奖励。

**（2）工作内容激励**

用工作本身来激励员工是较有意思的一种激励方式。如果我们能让员工干他最喜欢的工作，就会产生这种激励。管理者应该了解员工的兴趣所在，发挥员工的特长。另外，管理者还可以让员工自主选择工作，而通过这种方式安排的工作，其工作效率也会大大提高。

3）环境激励

**（1）政策环境激励**

公司良好的规章制度、各类政策也可以对员工产生激励。这些政策能够保证公司员工的公平性，而公平是员工的一种重要需要。如果员工认为他在平等、公平的公司中工作，就不会产生由于不公平而引起的怨气，从而提高工作效率。

**（2）客观环境激励**

公司的客观环境，如办公环境、办公设备、卫生状况等都可以影响员工的工作情绪。在舒适的环境里工作，员工会觉得心情愉悦、有归宿感，从而激发他们工作的动力。

4）物质激励

物质激励的内容包括工资奖金和各种公共福利。它是一种最基本的激励手段，因为获得更多的物质利益是普通员工的共同愿望。同时，员工收入及居住条件的改善，也影响着其社会地位、社会交往，甚至学习、文化娱乐等精神需要。

### 3. 创业团队的风险与规避

1）创业团队可能遇到的风险

创业团队要做到基业常青，很重要的一点是管理者要设法规避可能出现的各种风险。创业团队常见风险如图 2-6 所示。

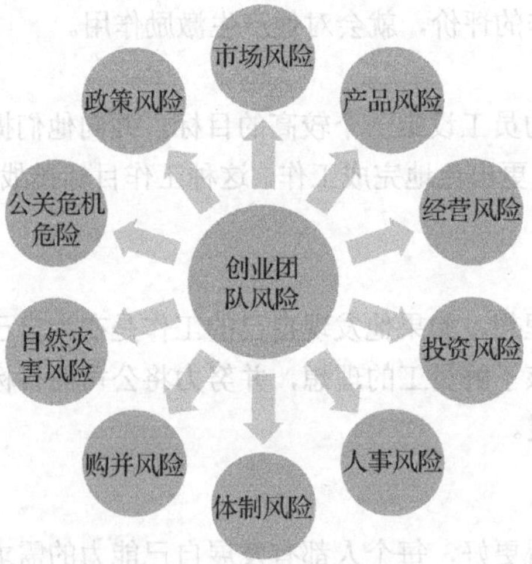


图 2-6　创业团队风险

**（1）市场风险**

市场的变数极多，因市场突变、人为分割、竞争加剧、通货膨胀或紧缩、消费者购买力下降、设备采购供应中断等而事先未预测到的风险，导致自身市场份额下降的风险为市场风险。

**（2）产品风险**

在创业团队产品研发过程中，因品种开发不对路、产品有质量缺陷问题、产品陈旧或更新换代不及时等导致的风险为产品风险。

（3）经营风险

由于内部管理混乱、股东撤资、负债率高、资金流转困难、三角债困扰、资金回笼慢、资产沉淀、出现资不抵债或亏损的风险为经营风险。

（4）投资风险

各类投资项目论证不力、收益低下或亏损、股东间不合作或环境变化导致项目失败造成的风险为投资风险。

（5）人事风险

团队成员意见不统一、对管理人员任用不当、无充分授权、精英人才流失、无合格员工、员工（集体）辞职造成损失导致的风险为人事风险。

（6）体制风险

企业因选择企业制度、法人治理结构、组织体系、激励机制不当，而导致运作困难、内耗增大或公司分部撤销合并面临清算压力导致的风险为体制风险。

（7）购并风险

因外部因素和内部因素的共同作用，创业团队内部股权结构发生变化或转移，而引起善意或恶意的收购或企业间合并导致的风险为购并风险。

（8）自然灾害风险

因自然环境变化、地震、洪水、火灾、台风、暴雨、沙暴、雪灾、交通事故、危险品泄漏、环境污染、地质（地基）变动等造成损失的风险为自然灾害风险。

（9）公关危机风险

团队因多种原因，遭遇外来因素干扰的风险为公关危机风险。如产品质量不合格、劳资纠纷、法律纠纷、重大事故案被人为通过朋友圈和微博等媒介曝光，而使团队公信力和影响力、市场口碑下降。

（10）政策风险

因上级主管部门、法律、法规、政策、管理体制、规划的变动，税率、利率变化或行业专项整治等，造成影响的风险为政策风险。

2）创业团队风险规避之道

业内专家表示，若想规避创业风险，初创企业在决策时，就要充分做好对内外部环境的分析，建立内部控制制度，为自己的创业建立一道防火墙。

（1）不要大量借贷投资。普通群体大多是小本投资，由于经济相对比较拮据，又希望手中的钱能够增值，因此在开始投资时，要根据自身的情况量力而行，不能借贷太多。大量借贷时的风险较大，创业的心理压力随之增加，极不利于经营者能力的正常发挥。

（2）不要盲目地去做热门生意。在创业初期，很多人由于不熟悉市场，往往是跟着感觉走。有时不考虑自身情况，看到别人做什么生意赚了钱，便盲目仿效跟风。这样往往会因为市场供过于求或创业者不适合做这项经营导致血本无归。因此，在投资时要学会“钻空子”“找冷门”，做到“人无我有”。

（3）起步不要贪大求全。有的人在开始投资创业时，由于心中没底，见别人开公司办企业赚钱速度快，心里就痒痒，总想一口吃成个胖子，结果却吃了大亏。因此，对于手中没有较多资金又无经营经验的投资者，不妨先从小生意做起。小买卖虽然发展速度慢，但用不着为亏本而担惊受怕，此外还能积累做生意的经验，为下一步做大生意打下基础。先以较少的资本做小生意，了解市场，等待时机成熟，再进行大量投入将事业做大做强，这是很多小本投资者的经验之谈。

（4）学门技术稳当赚钱。交一些学费，学一门专业技术，也不失为一种稳当的投资方式。21 世纪是知识经济时代，要想跟上时代的步伐，就必须重视智力投资。结合自身情况学好一门手艺，就不愁找不到赚钱的路子。

（5）不要轻信致富广告。现在一些吹嘘“投资少，见效快，回报高”等能一夜暴富的广告非常多。其实，投资的利润率一般会处于一个上下波动但相对稳定的水平。投资项目的利润有高有低，但不会高得离谱。因此，投资者在选择项目时，最好先到当地技术部门、工商部门咨询一下。

（6）选择遗忘的“角落”。小本投资者势单力薄，经不起市场竞争的大风大浪。因此，在选择投资项目时应审时度势，既不要向市场强大的对手挑战，也不要白费精力紧随其后。而应选择别人不愿意干或尚未顾及的部分市场，采取补缺填空策略。这样既可以开发属于自己有利可图的“角落”市场，同时又最大限度地避免与强手直接较量。但是，必须做好三方面的工作：一是要善于把握市场，能够紧跟市场；二是要善于在市场中捕捉商机；三是要善于创造新市场。

（7）集中优势联手协作。小本投资由于规模小、实力弱，不可能四面出击，为收到规模效益，可以通过与几家小投资产业联手合作，集中优势攻入目标市场，力争在领域中形成相对优势，创办出自己的特色，从而得到发展壮大。

当然，这种联合应当做到：一是集中优势，每个合作者都将自己的优势贡献出来，形成统一的核心优势；二是相互信任，坦诚相待，效益共享，风险共担；三是不必长期联合，有机会则聚，任务完成则散，协作对象无须固定，只须通过合作获利来壮大各自的实力。

创业投资和带兵打仗一样，要讲究战术策略。创业虽然没有什么成功捷径，但是必要的战术策略，会让你的创业致富路走得更加平稳。

### 故事分享 11　小米重生故事：雷军忍无可忍，向团队开刀

小米公司 2017 年的数据分析显示，小米手机 2017 年出货量超 9000 万台创新纪录，公司的营收业绩约为 150 亿美元。2016 年夏天时雷军还说“这段时间是我们的一个谷底。”那么小米公司凭借什么成功逆袭？雷军在接受《中国企业家》杂志采访时说：“大家希望用奇招来逆转困境，这是错的。遇到困难时一定是某个基本功出了问题，尤其对小米公司这样上千亿营业额、上万名员工规模的企业来说，守正比出奇更重要。”所以，雷军为小米公司确定的 2016 年战略是“补课”。这种补课，包括供应链上的，也包括管理上的。

2017 年 4 月 6 日，小米公司成立 7 周年，小米公司联合创始人、高级副总裁黎万强在朋友圈发布了小米公司几位创始人的最新合影。不过，令人颇感意外的是，照片中小米公司创始人团队由以往的 8 个人变成了如今的 7 个人。几位和雷军相识的人士均表示，雷军尽管在有些地方比较抠门，但却是一个比较大气的人，知道团队稳定的重要性，一般不会轻易对团队开刀。雷军的用人策略是更看重人，不看经验，这也在很大程度上促成了小米公司今天的地位。（资料来源：腾讯深网，王潘）

**启示：**“打江山容易守江山难”，企业成功绝不是偶然，它不仅需要优秀的领导者、精诚协作的团队、良好的管理机制，还需要优质的产品，而只有好的团队才有可能做出优质产品，占领市场。

扫一扫看案例：
马云鼓励90后
创业者

## 技能训练 2

**实训目的：**了解创业团队的重要性，懂得如何组建和管理创业团队，如何培养团队意识。

**实训项目：**请选择某一创业项目进行创业团队的组建。

**实训要求：**请说明怎样组建自己的创业团队。

# 学习情境3

## 探索——机会与风险

**创业导师语录** 创业的根本目的是满足顾客需求，而顾客需求在没有满足前就是机会。关键在于你是否有耐心不断寻找机会，即便暂时没有，也不要轻易放弃。只有自信、执着、富有远见、勤于实践，筛选出最适合自己的机会，并找到合适的思路后及时执行，这样才能抓住转瞬即逝的机会。

**情境导入** 曲歌在组建创业团队后，大家对于创业项目的选择一直犹豫不决。这个阶段的选择对于后期的创业活动能否取得成功起着关键的作用。从创业过程的角度来说，它是创业的起点。创业过程就是围绕着机会进行识别、开发、利用的过程。识别正确的创业机会是创业者应当具备的重要技能。

曲歌这个阶段要做的主要工作是：

（1）识别创业机会；

（2）掌握创业风险防范方法。

理论
阵营

# 任务 3.1　识别创业机会

## 3.1.1　创业机会的分类与特征

### 1. 创业机会的含义和分类

创业机会在《决策科学辞典》中定义为“市场上客观存在的尚未被满足或者未被完全满足的消费需求，是企业用以开发市场经营而获利的可能性，是寻找、分析、选择和发掘市场营销的机会，是现代营销管理的重要步骤”。市场机会按表现的形式和市场位置分类如下：

（1）环境机会与企业机会。随着环境的变化而客观形成的各种未满足的需求，是环境机会；环境机会中符合企业战略计划的要求，有利于发挥企业优势、并可以利用的市场机会，是企业机会。

（2）表面市场机会与潜在市场机会。在市场上，明显没有被满足的现实需求，是表面的市场机会；现有的产品种类未能满足的或尚未完全为人们意识到的隐而未见的需求，是潜在的市场机会。表面的市场机会易于为人们发现和识别，同时利用这种机会的企业较多，因而难以取得机会效益。潜在的市场机会虽然不易于为人们发现和识别，但抓住和利用这种机会的企业较少，因此机会效益比较高。

（3）行业性市场机会与边缘性市场机会。在企业所处的行业或经营领域中出现的市场机会，称为行业性市场机会；在不同行业之间的交叉或结合部分再现的市场机会，称为边缘性市场机会。由于自身生产经营条件的限制，企业一般都较为重视行业性市场机会并将其作为寻找和利用的重点。寻找和识别边缘性市场机会的难度较大，需要创业人员具有丰富的想象力和较强的开拓精神。

（4）市场机会与未来市场机会。在环境变化中市场上出现的未被满足的需求，称为市场机会；在市场上仅仅表现为一部分人的消费意向或少数人的需求，但随着环境的变化和时间的转移，在未来的市场上将发展成为大多数人的消费倾向和大量需求的，称为未来市场机会。企业通过寻求和正确评价未来市场机会，提前开发产品并在机会到来时迅速将其推向市场，易于取得领先地位和竞争优势，机会效益较大，但也隐含着一定的风险。

（5）全面市场机会与局部市场机会。在大范围市场上出现的未满足的需要为全面市场机会；在小范围市场上出现的未满足的需要为局部市场机会。全面市场机会意味着整个市场环境变化的一种普遍趋势，局部市场机会则意味着局部市场环境的变化有别于其他市场部分的特殊发展趋势。区分这两种市场机会，对于创业者具体评定市场规模、了解需求特点，从而有针对性地开展创业活动来说是必要的。

（6）大类产品市场机会与项目产品市场机会。市场上对某一大类产品存在着的未满足需求为大类产品市场机会；市场上对某一大类产品中某些具体品种存在着的未满足需求为项目产品市场机会。大类产品市场机会显示着市场上对某一大类产品市场需求发展的一般趋势，而项目产品市场机会则表明社会上对某一大类产品市场需求的具体产品指向。

由于环境变化而产生的具有一定规模和开发价值的消费需求，能为公司的发展带来新的产品或项目。若能对创业者具有较强吸引力，并使创业者认为是持久的、有利于创业的商业机会，那便可以基于此为客户提供有价值的产品或服务，同时使创业者自身获益。

**2. 创业机会的特征**

美国《财富》杂志和《福布斯》杂志曾访问比尔·盖茨："比尔，请你告诉我们成为世界首富的秘诀。"比尔·盖茨说："除了知识、人际关系以及微软公司很会营销外，有一个前提，是大部分人没有发现的，那就是眼光好。"

"眼光好"是对创业机会特征的通俗解释。一般认为创业机会特征应具备三个条件：潜在的赢利性、具体的商业行为以及潜在价值能不断得到提升。不同的创业者对市场机会的特征认识有所不同，软银公司董事长兼总裁孙正义在24岁创业前研究了四十种行业，他想通过研究找出哪个行业最赚钱。孙正义用一年半的时间对新事业反复研究，并对这些新事业通过以下9个条件进行筛选。

条件1：一旦着手做，就不能半途而废，须是可持续的事业。

条件2：这种生意能赚钱。

条件3：有发展的行业，行业结构本身不能是不景气的、夕阳型的。

条件4：以将来可以成为企业集团为前提，应是其核心事业。

条件5：别人无法模仿的事业。

条件6：不需要很大的投资。

条件7：对世界有用，对社会发展有贡献。

条件8：自己感兴趣。

条件9：要做，就要成为该行业的第一；若不能成为第一，一开始就不做。

据此，他选择了电脑行业，并在25年后成为亚洲首富。

无论创业者如何认识创业机会特征，当我们决定做一种事业时，我们研究它是否能够成功，首先要对这个行业有所评估。世界商业权威机构经过多年的调查研究发现，如果一种事业具备以下六大特性，那么，从事这种事业成功的机会就会比较大，风险几乎为零。这六大特性是：

（1）产品符合未来的发展趋势；

（2）产品拥有最大的市场；

（3）产品拥有最大的需求量；

（4）产品多元化；

（5）产品独特；

（6）产品效果显著。

**创业小贴士**　我们极少能看到机会，往往在我们看到机会的时候，它已经不再是机会。

——马克·吐温

## 3.1.2 市场机会的来源与识别

**1. 市场机会的来源**

政治经济学家、创新理论的鼻祖约瑟夫·熊彼得（Schumpeter）认为创业机会是通过把资源创造性地结合起来，满足市场的需要，创造价值的一种可能性。而市场的“变化”是创业机会的重要来源，没有“变化”就没有创业机会。影响市场变化的机制主要包括以下四个方面，这四个方面就是创业机会的主要来源：

（1）技术的变革，如互联网的发展，淘宝、京东等电商的出现；

（2）社会政治制度及经济制度的变革，如我国改革开放后的市场经济发展；

（3）社会和人口结构的变革，如人口老龄化带来服务老年人的市场机会出现；

（4）产业结构的调整及变革，如第三产业兴起带来的相关服务业市场机会出现。

### 2. 市场机会的识别

中国古语有云：“机不可失，时不再来。”市场机会存在一般规律特征，当市场规模处于快速发展的阶段时，创业的机会随之增多；当市场规模发展到一定阶段，形成一定的结构后，市场中出现大量的创业机会；当市场规模较为稳定、趋于饱和时，市场中的创业机会逐渐减少。市场机会的规律特征如图 3-1 所示。

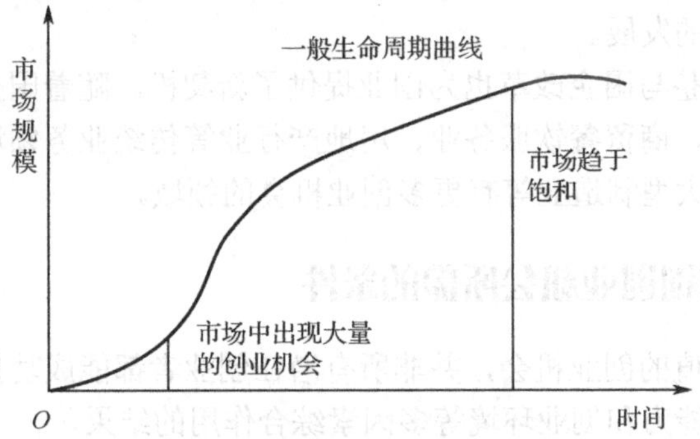


图 3-1　市场机会的规律特征

创业机会是企业生命周期中的成长阶段，不同的创业机会，其一般生命周期的长短也不相同，有的创业机会会持续较长的时间，而有的创业机会则如昙花一现，转瞬即逝。创业机会在市场存在的时间越长，可获利的时间也相对越长。

影响创业机会在市场中存在时间的因素：一是是否存在限制其他创业者模仿的机制，如商业秘密、专利保护或垄断合同；二是信息扩散的速度；三是资源是否稀有或者是否能被模仿、替代、交易获得。

以下主要讲解现有市场机会、潜在市场机会、衍生市场机会的识别。

#### 1）现有市场机会的识别

对创业者来说，在现有的市场中发现创业机会，是较自然和经济的选择。一方面，它与我们的生活息息相关，创业者能真实地感觉到市场机会的存在；另一方面，由于存在尚未被全部满足的需求，创业者在现有市场中创业，能减少机会的搜寻成本，降低创业风险，有利于成功创业。现有的创业机会存在于：不完全竞争下的市场空隙、规模经济下的市场空间、企业集群下的市场空缺等。

#### 2）潜在市场机会的识别

潜在市场机会来自于新科技应用和人们需求的多样化等方面。成功的创业者能敏锐地感知到社会大众的需求变化，并能够从中捕捉市场机会。

新科技应用可能改变人们的工作和生活方式，并出现新的市场机会。通讯技术的发展，使人们在家里办公成为可能；互联网的出现，改变了人们工作、生活、交友的方式；网上购物、网络教育的快速发展，使信息的获取和共享的重要程度日益增加。

需求的多样化源自于人类的本性，人的欲望是很难得到满足的。细分市场里可以发掘到需求尚未被满足的潜在市场机会。一方面，创业者可根据消费潮流的变化，捕捉可能出现的市场机会；另一方面，创业者可根据消费者的心理，通过产品和服务的创新，引导需求并满足需求，从而创造一个全新的市场。

3）衍生市场机会的识别

衍生市场机会来自于经济活动的多样化和产业结构的调整等方面。首先，经济活动的多样化为创业拓宽了道路。一方面，第三产业的发展为中小企业提供了非常多的成长空间。现代社会中人们对信息情报、咨询、文化教育、金融、服务、修理、运输、娱乐等行业提出了更多更高的需求，从而使社会经济活动中的第三产业日益发展。另一方面，社会需求的易变性、高级化、多样化和个性化，使产品向优质化、多品种、小批量、更新快等方面发展，也有力地刺激了中小企业的发展。

其次，产业结构调整与国企改革也为创业提供了新契机。随着国企改革的推进，民营中小企业除了涉足制造业、商贸餐饮服务业、房地产行业等传统业务领域外，将逐步介入中介服务业、生物医药业、大型制造业等有更多创业机会的领域。

### 3.1.3 成功地识别创业机会所需的条件

面对具有相同期望值的创业机会，并非所有潜在创业者都能成功把握。成功地识别创业机会是创业愿望、创业能力和创业环境等多因素综合作用的结果。

（1）创业愿望是机会识别的前提。创业愿望是创业的原动力，它推动着创业者去发现和识别市场机会。如果没有创业意愿，再好的创业机会也会视而不见，或失之交臂。

（2）创业能力是机会识别的基础。识别创业机会在很大程度上取决于创业者的个人（团队）能力。国内外研究和调查显示，与创业机会识别相关的能力主要有：远见与洞察能力、信息获取能力、技术发展趋势预测能力、模仿与创新能力、建立各种关系的能力等。

（3）创业环境的支持是机会识别的关键。创业环境是创业过程中多种因素的组合，包括政府政策、社会经济条件、创业资金与非资金支持等方面。一般来说，如果社会对创业失败比较宽容，有浓厚的创业氛围，国家对个人财富创造比较推崇，有各种渠道的金融支持和完善的创业服务体系，产业有公平、公正的竞争环境，都会鼓励更多的人进行创业。

据中国创业招商网统计，90%的人曾经有过创业冲动，其中60%的人会付诸实施，但其中仅有 10%的人会成功。调查显示：（1）98%的失败者是因为没有选准合适的项目；（2）80%的创业者在创业前期感到确定创业项目“十分头疼”“很难抉择”；（3）在创业失败的案例中，有60%的人觉得主要原因是“创业项目不对头”或“创业项目选择失误”；（4）在成功创业人群中，70%的人认为是“良好的创业项目成就事业”。以此可见，创业项目的选择非常重要。

创业项目的选择既然如此重要，那么究竟该如何进行选择呢？专家认为，在创业之前，创业者一定要清楚一件事，那就是创业项目没有最好的，只有最合适的。而在具体的项目选择过程中，针对个人的具体情况，还应考虑以下几个方面：

（1）必须是自己喜欢的行业，从而不断保持激情，并能坚持不懈；

（2）能发挥自己的天赋和特长，可以给自己创造发展空间和成就感；

（3）针对某一行业及产品进行细致的划分，不要盲目地追求大而全，要学会适当的放弃；

（4）对行业及产品要有足够的认识，包括其性能、优缺点、厂家、消费群体的年龄和知识结构等；

（5）行业及产品要有个性，有广阔的前景和特定的消费群体，可以复制并能够做大；

（6）朝阳产业，成长性高，能长期发展，不要简单跟风；

（7）有一定的区域垄断性，初期的市场占领后可以迅速进行再投资，以避免低层次的竞争；

（8）要在自己身体和心理的承受范围之内，投资不要太大，要保持滚动发展；

（9）避免经常拖欠钱款的行业。

理论界与实践界都一直试图回答：为什么是某些人，而不是另外的人看到机会？这些看到了机会的创业者有什么独特之处？普遍而言，下面的几类因素，被认为是这些人具备的一些特征：

（1）先前经验。在特定产业中的先前经验有助于创业者识别机会。有调查发现，70%左右的创业机会，其实是在复制或修改以前的想法或创意，而不是全新创业机会的发现；

（2）专业知识。拥有在某个领域更多专业知识的人，会比其他人对该领域内的机会更具警觉性与敏感性。例如，一位计算机工程师，就比一位律师对计算机产业内的机会和需求更为警觉与敏感；

（3）社会关系网络。个人社会关系网络的深度和广度影响着机会识别，在通常情况下，建立了大量社会关系网络与专家联系的人，会比拥有少量关系网络的人容易得到更多的机会；

（4）创造性。从某种程度上讲，机会识别实际上是一个不断反复的创造性思维过程。在许多产品、服务和业务的形成过程中，甚至在许多有趣的商业传奇故事中，我们都能看到有关创造性思维的影子。

尽管上述特征并非是创业成功的必然条件，但具备了这些特征，往往较其他创业者具有更多的优势，也更容易获得成功。

### 故事分享 12　大学生卖孔明灯，点亮创业的奇迹

刘鹏飞，这位被称为拥有“义乌最牛大学生创业史”的“80后”大学生，刚毕业时，他因找不到工作而苦恼。在一个晚上，他无意间抬头看见天空中飘着几个神秘的不明飞行物，很像传说中的UFO。他十分激动，但一打听才知道，那是游人放飞的孔明灯。带着好奇的心理，刘鹏飞自己也买了一个，从此与孔明灯结缘。

刘鹏飞对孔明灯产生了好奇心，隐隐约约地觉得这是一个好项目：有中国传统的文化内涵，中国人喜欢，对外国人也会有吸引力，市场竞争少，市场潜力巨大，而且见效快，只需要有一个中英文的网站，再挂上几张孔明灯的照片，就能开张营业了。从小商品市场摸清了行情后，刘鹏飞就开始认认真真地设计起他的孔明灯网站。不出刘鹏飞所料，第一个月，他就赚了几千元。不到半年的时间，刘鹏飞赚了6万元，接下来的生意更火爆了。2008年3月的一天，他接到温州一家外贸公司的电话，告知他，5天后会派人来他的工厂考察。挂上电话，刘鹏飞慌了，自己根本就没有工厂，甚至连接待客户的办公室都没有。怎么办？他决定“打肿脸充胖子”，赶紧租了间办公室。客户“考察”后，很快与刘鹏飞

签下了 20 万元的订单，这让他更加坚信自己的选择是对的。

刘鹏飞看好这个市场，更看好网络拓展这一渠道，经过大家的商量，他们决定在网上卖孔明灯的同时，创办自己的工厂——义乌市飞天灯具厂。不到一年的时间，他们就在德国卖了 300 万盏孔明灯。如今，除了德国，刘鹏飞的孔明灯还远销阿尔及利亚、埃及、奥地利、法国、以色列、乌克兰以及白俄罗斯等多个国家。

刘鹏飞还是个“冒险家”，遇到好项目就会“头脑发热”。与朋友聊天时，他发现十字绣的商机，当即决定投入 100 万元到十字绣的项目上，因为他认为十字绣和孔明灯一样，是中国传统文化产品。到 2009 年 5 月，十字绣工厂已经连续 5 个月平均销售额超过 200 万元。仅用半年时间，刘鹏飞的工厂已经收回了大半的成本，事实又一次验证了他的判断是正确的。（资料来源：创业新闻-大成网）

启示：刘鹏飞的创业故事告诉我们：即使没有技术，没有资金，没有平台，靠 1%的灵感和 99%的努力也能够创业成功！

## 任务 3.2 创业风险与防范

在当今“大众创业、万众创新”的浪潮下，很多大学生选择了自主创业的道路，但创业具有风险，与收益一样，风险是社会活动中客观存在的。风险主要来源于大学生自身原因及社会层面等综合因素。从社会层面来说，大学生创业的社会环境比较复杂，竞争比较激烈，本身无法与一些成熟的企业抗衡。从大学生自身的角度来说，大学生实战经验比较匮乏，仅有理论知识，且对创业的想法也很单纯，在进行创业项目的选择上比较盲目。

据网易新闻统计，大学生自主创业的公司在 3 年内大多数都倒闭了，失败率高达 95%。因此，强化大学生自主创业风险管理是非常有必要的。这可以促使大学生正确地认识创业，并成熟地自主创业。

### 3.2.1 风险的定义与创业风险

#### 1. 风险的定义

对于风险的定义，美国学者 A• H• 威雷特提出“风险是关于不愿发生的事件发生的不确定性的客观体现。”日本学者武井勋认为“风险是指一定环境、一定时间段内，影响决策目标实现的不确定性，或是某种损失发生的可能性。”

“风险”一词的由来，最为普遍的一种说法是：在远古时期，以打鱼捕捞为生的渔民们，每次出海前都要祈祷，祈求神灵保佑自己能够平安归来，其中主要的祈祷内容就是让神灵保佑自己在出海时能够风平浪静、满载而归。他们在长期的捕捞中，深刻体会到“风”给他们带来的无法预测、无法确定的危险，他们认识到，在出海捕捞打鱼的生活中，“风”即意味着“险”，因此才有了“风险”一词。

风险与不确定性是联系在一起的。对于风险的理解，一般包含两个方面，一是强调结果的不确定性；二是强调失败或亏损的可能性。在市场经济中，收益与风险总是相伴相随的。风险越大，回报率越高，机会越大。如何判断风险、选择风险以及规避风险，继而驾驭风险、管理风险，在风险中寻求机会、创造收益，是每一位企业家要考虑的问题。

### 2. 可能面临的创业风险

大学生在创业过程中将会面对的重要流程节点有：前期准备、筹资融资、经营管理、财务管理、人力资源管理等，其中可能面临的风险如图 3-2 所示。

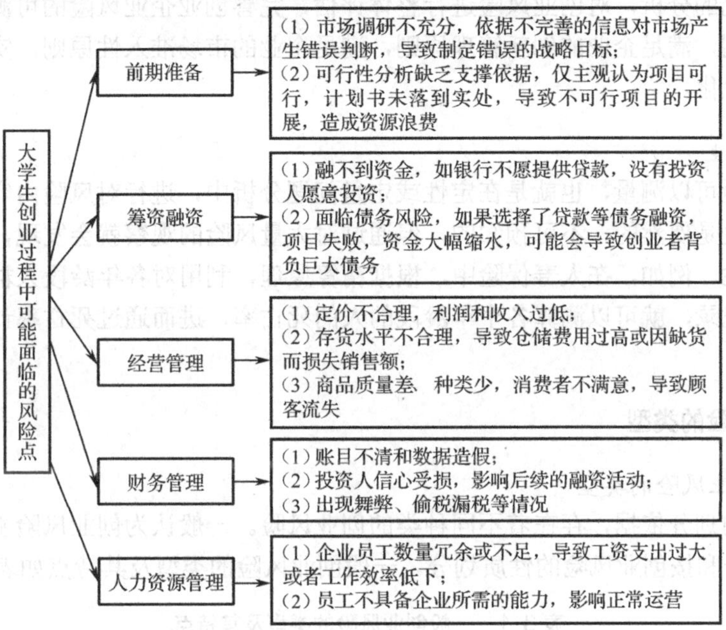


图 3-2 大学生创业过程中可能面临的风险

## 3.2.2 创业风险的特征与类型

### 1. 创业风险的特征

创业风险是指在创业过程中，由于创业环境的不确定性，创业机会与创业企业的复杂性，创业者、创业团队的能力与实力的有限性，而导致创业活动偏离预期目标的可能性及结果。创业风险存在以下几个特征。

1）客观存在性

在创业企业发展中，创业风险是客观存在的，是一种不以人的意志为转移、独立于人的意识之外的客观存在。人们只能在一定的时间和空间内改变风险存在和发生的条件，降低风险发生的频率和损失程度。但总体来说，风险是不可能彻底消除的。因此，在创业企业发展中，需要认识到风险存在的客观性，并完善对风险的认识和控制。

2）不确定性

在创业过程中，创业者会面临如经济环境、政治环境、市场环境、生产环境等不确定因素。例如，企业发展中遭到市场竞争对手的排斥，在新市场运行的背景下，也会出现一定的不确定因素。同时，在创业企业风险因素分析中，经常出现只有投入没有产出的问题，这种现象的出现也制约了企业资金管理，更为严重的会造成创业的失败。因此，要时常对创业企业的变化因素进行分析，明确风险点，树立风险管理意识，提高管控能力，以此确保创业企业持久发展。

3）相对性与可变性

由于时间和空间的变化，不同活动的主体面临的风险是不同的。创业者需要通过对创业内部与外部变化的分析，对创业风险进行整体评估，完善创业企业风险的可测性，提升创业风险的管理机制，满足企业的创新管理原则，满足企业的市场准入性原则，实现对创业风险可变性的问题优化。

4）可预测性

主要指风险可以测量，也就是在定性或定量问题分析中，进行对风险内容的评估。虽然个别风险的发生是偶然的，不可预知的，但通过对大量风险的观察就会发现，风险往往呈现出明显的规律性。例如，在人寿保险中，根据精算原理，利用对各年龄段人群的长期观察得到的大量死亡记录，就可以测算各个年龄段的人的死亡率，进而通过死亡率计算人寿保险的保险费率。

### 2. 创业风险的类型

1）一般创业风险的类型

按照不同的划分依据，存在着不同种类的创业风险。一般认为创业风险主要按创业风险产生的来源划分和按创业风险的性质划分。一般创业风险的类型及其特点如表 3-1 所示。

**表 3-1　一般创业风险的类型及其特点**

| 风险类型 | | 风险特点 |
|---|---|---|
| 按风险来源划分 | 技术风险 | 产品创新过程中由技术不确定性导致创业失败的可能性 |
| | 市场风险 | 从事经济活动可能面临赢利或亏损的不确定性 |
| | 财务风险 | 资金及财产流失的可能性 |
| | 团队风险 | 创业团队因某些原因解散，进而导致创业活动无法持续的风险 |
| | 政策风险 | 国家经济法律等政策变化给创业活动带来的风险 |
| | 机会成本风险 | 一个人或一个团队只能做一件事，选择一个机会即意味着放弃其他机会 |
| 按风险性质划分 | 系统风险 | 创业人员本身无法控制的风险因素，如自然事故、地震等不可抗因素 |
| | 非系统风险 | 在一定程度上创业者可以控制的风险因素 |

2）大学生创业风险的类型

“知己知彼，百战不殆。”创业风险识别是应对一切风险的基础，也只有将创业面临的风险充分识别才可能防患于未然并且化解风险。大学生创业风险与一般创业风险既存在一致性又存在特殊性，具体包括以下十个方面。

（1）项目选择风险。大学生创业时如果缺乏前期市场调研和论证，只凭自己的兴趣和想象来决定投资方向，甚至仅凭一时心血来潮做出决定，一定会碰得头破血流。

大学生创业者在创业初期一定要做好市场调研，在了解市场的基础上进行创业。一般来说，大学生创业者的资金实力较弱，应选择启动资金较少、人手配备要求不高的项目，从小本经营做起。

（2）创业技能缺乏风险。很多大学生创业者眼高手低，当创业计划转变为实际操作时，才发现自己根本不具备解决问题的能力，这样的创业无异于纸上谈兵。一方面，大学生应去企业打工或实习，积累相关的管理和营销经验；另一方面，大学生应积极参加创业培训，积累创业知识，接受专业指导，提高创业成功率。

（3）资金风险。资金风险在创业初期会一直伴随在创业者的左右。是否有足够的资金创办企业是创业者遇到的第一个问题。企业创办后，需要考虑是否有足够的资金支持企业的日常运作。对于初创企业来说，如果连续几个月入不敷出或因为其他原因导致企业的资金链断裂，都会给企业带来极大的威胁。相当多的企业会在创办初期因资金紧缺而严重影响业务的拓展，甚至错失商机而不得不宣告倒闭。另外如果没有广阔的融资渠道，创业计划只能是一纸空谈。除了银行贷款、自筹资金、民间借贷等传统方式外，还应充分利用风险投资、创业基金等融资渠道。

（4）社会资源贫乏风险。企业创建、市场开拓、产品推介等工作都需要调动社会资源，大学生在这方面会感到非常吃力。大学生平时应多参加各种社会实践活动，扩大自己人际交往的范围。创业前，可以先到相关行业领域工作一段时间，为今后的创业积累社会资源。

（5）管理风险。一些大学生创业者虽然技术出类拔萃，但理财、营销、沟通、管理方面的能力普遍不足。要想创业成功，大学生创业者必须技术、营销两手抓，可从合伙创业、家庭创业或虚拟店铺开始，锻炼创业能力，也可以聘用职业经理人负责企业的日常运作。

创业失败者，基本上都是管理方面出了问题，其中包括：决策随意、信息不通、理念不清、患得患失、用人不当、忽视创新、急功近利、盲目跟风、意志薄弱等。特别是大学生知识单薄、经验不足、资金实力和心理素质较差，更会增加在管理上的风险。

（6）竞争风险。寻找蓝海是创业的良好开端，但并非所有的新创企业都能找到蓝海。更何况蓝海只是暂时的，所以竞争是必然的。如何面对竞争是每个企业都要考虑的事，而对新创企业则更是如此。如果创业者选择的行业是一个竞争非常激烈的领域，那么在创业之初极有可能受到同行的强烈排挤。一些大企业为了把小企业吞并或挤垮，常会采用低价销售的手段。对于大企业来说，由于规模效益或实力雄厚，短时间的降价并不会对它造成致命的伤害，但对初创企业也许就意味有着彻底毁灭的危险。因此，考虑好如何应对来自同行的残酷竞争是创业企业生存的必要准备。

（7）团队分歧风险。现代企业越来越重视团队的力量。创业企业在诞生或成长过程中最主要的力量来源一般都是创业团队，一个优秀的创业团队能使创业企业迅速地发展起来。但与此同时，风险也蕴含在其中，团队的力量越大，风险也就越大。一旦创业团队的核心成员在某些问题上产生分歧且不能达到统一时，便极有可能对企业造成强烈的冲击。事实上，做好团队协作并非易事，特别是与股权、利益相关联时，很多初创时很好的伙伴都会闹得不欢而散。

（8）缺乏核心竞争力的风险。对于具有长远发展目标的创业者来说，他们的目标是不断地发展壮大企业，因此，企业的核心竞争力就是最主要的风险。一个依赖别人的产品或市场来打天下的企业是永远不会成长为优秀企业的。核心竞争力在创业之初可能不是最重要的问题，但若要谋求长远的发展，那将是最不可忽视的问题。没有核心竞争力的企业终究会被淘汰出局。

（9）人力资源流失风险。一些研发、生产或经营性企业需要面向市场，大量的高素质专业人才或业务队伍是这类企业成长的重要基础。防止专业人才及业务骨干流失应当是创业者时刻需要注意的问题，在那些依靠某种技术或专利创业的企业中，拥有或掌握这一关键技术的业务骨干的流失是最主要的风险来源。

（10）意识上的风险。意识上的风险是创业团队内在的风险。这种风险无形，却有强大的毁灭力。较大的意识风险有：投机的心态、试试看的心态、侥幸心理、过分依赖他人心理、回本的心理等。创业企业必须树立正确的思想，强化意识，企业才能健康成长。

**创业小贴士** 不要控制失败的风险，而应控制失败的成本。

——罗伯特·A·库伯

### 3.2.3 创业风险的防范

#### 1. 创业风险的处理方法

创业的风险无处不在。创业者一定要在风险和收益之间进行抉择和权衡，既不能为了收益不顾风险的大小，也不能因害怕风险而错失良机。而是应该在争取实现目标的前提下，管理风险，控制风险，规避风险，这才是创业者对待风险的正确态度。常用的风险处理的方法有：

（1）回避风险。回避风险是指考虑影响预定目标达成的诸多风险因素，结合决策者自身的风险偏好和风险承受能力，从而做出的中止、放弃或调整、改变某种决策方案的风险处理方式，从而保证项目的安全进行。

（2）分散风险。“不要把鸡蛋放在同一个篮子里”，从创业角度讲指的就是分散风险。例如创业个人独资时要承担无限责任，但几个人共同出资，就是有限责任，可以分散风险。

（3）转移风险。转移风险是指为了避免承担风险损失，有意识地将损失转嫁给其他主体承担。转移风险有非保险转移和保险转移两种形式。保险转移是指向保险公司缴纳保险费，并同时将风险转移给保险人。

（4）损失控制。损失控制是指在风险发生时或损失发生后，为减少损失程度所采取的各种措施，如在损失发生后采取自救措施可以避免损失的扩大。

（5）自留风险。自留风险是指创业者自己承担风险发生的损失。该法主要应用于风险发生率低和风险损失程度小的风险处理。

**创业小贴士** 风险应对方式的选择取决于企业对风险管理的成本和风险发生的可能性与后果的权衡。主要应对措施有接受、分担、降低可能性和回避风险等。

#### 2. 大学生创业风险的防范方法

创业从项目选择、资金筹措、团队组建、产品生产，直到市场开拓，任何一个环节都有可能存在风险。而成功的创业者是有计划地利用风险，并让其他团队人员一起共同分担风险。这就要求创业者在创业的过程中要拥有规避风险、转移风险、补偿风险、抑制风险、评价风险、预测风险和管理风险的能力。

1）市场调研方面的风险防范

在前期准备阶段，创业者可以采取降低风险发生可能性和回避风险等方式应对风险。由于受限于资金，大学生创业者多选择亲自调研，可通过浏览新闻了解行业最新动态、相关政策以及业内人士做出的预测，还可通过实地探访企业、自制调查问卷获得一手资料，有能力者也可以利用专业知识分析管理模式、技术力量、财务报告等。大学生创业者需要避免因急于求成而造成的浮躁心态，应冷静分析项目各环节的可行性。

2）投资融资阶段的风险防范

大学生创业者可以采取分担风险、回避风险和降低风险发生可能性等方式应对投资融资风险。如果银行不提供贷款，只能吸引投资人进行投资。大学生创业者须不断完善项目计划书，以期获得投资人的认可和资金方面的支持。也可先尝试较易融资的小项目，做出成绩后再争取更多资金。大学生创业者应尽量选择天使投资、创业孵化器等权益类融资，避免背负债务。若采用了债务融资，则要预设损失限额，必要时结束项目止损。

3）经营管理阶段的风险防范

大学生创业者可通过回避风险、降低风险发生可能性和分担风险等方式应对经营管理风险。商品定价须经过精确计算，要保证可以回本，即使因战略需要亏本销售，也要进行大量的验证确保收益大于成本。创业者应分析行业情况及竞争对手策略，选择合适的库存方案。创业者还应对顾客进行质量满意度调查，以便及时发现不合格商品，与质量不达标的供货商交涉，如果质量水平无法提升，则考虑更换供货商。创业者还须定期进行市场调研，了解顾客需求，不断更新商品，以满足消费者多样性的需求。

4）财务管理阶段的风险防范

大学生创业者可采取回避风险、降低风险发生可能性等方式应对财务管理风险。企业团队里应包括会计、出纳等职位，即使由于规模、成本等原因无法配备自己的会计人员，也要请专业的财务公司进行代记账。另外大学生创业者要提高道德意识和法律意识，严禁非法使用公司资金、财务造假、偷税漏税等行为的出现。

5）人力资源管理阶段的风险防范

大学生创业者可以采取回避风险、降低风险发生可能性和分担风险等方式应对人力资源管理风险。企业在招聘前应做出详细规划，明确需要什么员工，需要多少人，预算的金额是多少。在招聘过程中，应严格按计划行事，如有变动，要经讨论后决定是否实施，避免招聘过多员工。另外，辞退员工要合法，应提前通知被辞退员工并且进行适当补偿，还可以对员工进行人文关怀，以降低员工不满。

扫一扫下载阅看案例：三位“90后”女性的温州创业故事

## 技能训练3

**实训目的**：了解创业风险的类型；掌握创业风险防范的处理方法和应对措施。

**实训项目**：根据技能训练2所选的创业项目进行风险评估并列出防范方法。

**实训要求**：创业团队共同完成此工作，并根据自身情况进行创业风险的认识与防范。

# 学习情境4

## 规划——梦想与机遇

**创业导师语录** 规划是实现梦想最有效的途径，没有良好的创业规划就无法实现自身的创业梦想。有了对学业与创业的认知，找到志同道合的创业伙伴以及做好创业风险的防范之后，我们就该对创业进行更为详细的规划了。千里之行，始于足下。创业计划书是我们创业规划的首站，也是创业的重中之重。

**情境导入** 无论是对学业和创业的认知，还是对创业风险进行防范，这都属于创业的梦想阶段。曲歌组建的创业团队想把创业梦想落到实处，他们准备撰写创业计划书，而撰写的前提在于认识。因此，曲歌团队在这个阶段需要做的主要工作是：

（1）认识创业计划书；

（2）撰写创业计划书。

理论
阵营

# 任务 4.1 创业计划书的特征与制定过程

## 4.1.1 创业计划书的含义

创业计划书，也称为商业计划书，是创业者准备的书面计划。创业计划书是创业者对创业活动具体筹划过程的系统描述和分析，其主要内容为创办一个新企业的各种因素，并按照一定的编写顺序进行撰写。创业计划书中主要包含企业自身认识及简介、生产运营方式、产品研发模式、团队管理机制、财务风险把握和控制等方面，其目的是为了通过撰写计划书对企业自身进行自我评估，对创业前景产生更加清晰的认识，并期望通过计划书获得风险投资家的风险资本。创业计划书是全方位描述与创建新企业有关的内外部环境条件及要素的书面文件。而作为大学生创业者而言，创业计划书尤为重要，可以说无计划无创业。

著名投资家克雷那先生曾说："如果你想要踏踏实实地做一份工作，那么请写一份创业计划书。它能迫使你进行系统的思考。有些创意可能听起来很棒，但是当你把所有的细节和数据写下来的时候，自己就崩溃了。"创业计划书的意义也正在于此。创业计划书的形成不仅能让创业者在脑海中产生清晰且富有逻辑的创业思路，还会使创业者在撰写过程中不断地发现问题所在，不断地完善自身的创业基础，无形中会规避掉一些今后创业过程中可能出现的问题。创业计划书除了对创业者及创业团队具有十分重要的意义外，对投资者来说也尤为重要，因为创业计划书是其投资的依据，也是投资的前提，没有创业计划书，投资者便无法获得其所需内容。创业计划书体现出创业者对有关创业计划的具体想法及落实办法，它的好坏常常直接影响创业者能否找到合适的创业伙伴以及得到投资者们的青睐，甚至获得政策的扶持。

## 4.1.2 创业计划书的特征与功能

### 1. 特征

（1）开拓性。创新是创业里最鲜明的特点，这种特点要通过其开拓性体现出来。创新与创业是互相体现、互相辩证存在的关系。而是否能将创新融入到创业中，并通过一种开拓性的商业模式使之变为现实，也是创业计划书与项目建议书的根本区别。

（2）客观性。创业者提出的创业设想和商业模式需要建立在大量、充分的市场调研和客观分析的基础上，并具有实战性和可操作性的条件。客观性的特征在一定程度上要求创业计划书需要具有逻辑哲理性，即创业计划书需要把严密的逻辑思维融汇在客观事实中体现及表达出来。没有逻辑性的计划书无法得到投资者的认可。

（3）可操作性。可操作性意味着实战性，创业计划书只有具备可操作性，才存在意义。计划书要明显地体现出商业价值，使投资人或合伙人能清晰、明了地看清项目背后的商业价值。

（4）增值性。创业计划书里应明确地列出各个创收点、证据链条，以体现出创业项目的回报。有说服力的数据是经过测算、调研和计算而成的，而不单是由概念和推理的逻辑思维组成的。

**2. 功能**

（1）策划。创业计划书是创业者的行动指南和路线图，它能为创业者的行动提供指导和规划，能够促使创业团队及雇员团结一心以及明确公司未来的发展方向。一个酝酿中的项目，思路往往较为模糊，通过下笔策划自身的行动发展路线图，能使创业者对这一项目有更加清晰的认知。对已建立的风险企业来说，创业计划书可以为企业的发展定下比较具体的方向和重点，使员工了解企业的经营目标，并激励他们为之努力。更重要的是，它可以使企业的投资者以及供应商、销售商等了解企业的经营状况和经营目标，说服投资者为企业的进一步发展提供资金。

（2）融资。一份好的创业计划书，不仅能让创业团队知晓自身的发展策略，还能让潜在的投资者对你的项目产生兴趣，进而投资。如果投资者选择了你的项目，那么，他不仅能带来资金，还能带来如社会关系、技术等许多资源。

**创业小贴士** *好的时候不要看得太好，坏的时候不要看得太坏。最重要的是要有远见，杀鸡取卵的方式是短视的行为。*

——李嘉诚

### 4.1.3 创业计划书的制定过程

**1. 撰写前的准备事项**

写好一份创业计划书需要下苦功夫，那些既不能让创业团队明了自身创业场景，也不能使投资者激动起来的创业计划书，只能被扔进垃圾箱。创业计划书要想准确无疑地击中目标，创业者首要做到以下几点：

（1）关注产品。首先，创业者要十分清楚地认知自家产品，包括它的独特性、分销产品的方法、产品固定消费的人群、产品的生产成本及利润等问题。

（2）敢于竞争。创业者应先明确其他主要竞争者的销售额、利润、收入以及市场份额，再讨论本企业所具有的竞争优势，并详细地说明消费群体会偏爱本产品的缘由。

（3）了解市场。创业计划书在一定程度上要给投资者提供企业对目标市场的深入分析和理解。因此，创业者要细致分析经济、地理、职业、心理以及种种因素上对消费者选购本企业产品行为的影响。

（4）表明行动方针。创业计划书中应写明如何把产品推向市场。例如，如何根据市场需求设计产品及生产线，如何组装产品，生产的成本是多少等。

（5）展示管理队伍。创业计划书中要详细描述整个管理队伍及职责分配，并分别介绍每位管理人员的才能、特点和造诣，细致描述每位管理者将对公司做出的贡献。

（6）出色的计划摘要。一个好的计划摘要等于为创业计划书画下了一个好的篇章，它不仅能把前面的内容抽丝剥茧，还能将投资者彻底留住。

投资人在计划书中着重看的内容为：你是谁，你要做什么，你的产品或服务有什么价值，你要怎么做，是否有执行能力和成功的把握？将这些前期工作做好，就能顺利地开展撰写工作了。

### 2. 撰写中的重要事项

创业计划摘要是撰写创业计划书时最重要的一个事项。创业计划摘要是创业计划书的精华，也是阅读者首先注意到的内容。因此，计划摘要须简明、生动、引人入胜，以便阅读者能在最短的时间内评审计划并做出判断。计划摘要的篇幅一般为1～2页，其中要简单叙述所有和创业有关的内容要点，使阅读者能立刻了解你的企业项目计划等相关事宜。

在创业计划摘要的基础上，对创业项目进行详细的叙述与论证，最后完成创业计划书，一般包括：封面、目录、摘要、企业介绍、产品市场和行业分析、研发生产计划、营销计划、组织管理计划、财务和融资计划、风险分析等。

### 3. 撰写后的检查事项

当创业计划书基本完成后，不要立即呈现给阅读者，而需从头到尾仔细检查，看其中是否还有疏漏以及需要修改的地方。常规的检查主要是围绕着创业计划书的逻辑性进行，而常识性、通俗性等方面，可以从以下几个方面加以检查：

（1）创业计划书中是否显示出你具有管理公司的经验；

（2）创业计划书中是否显示了你有能力偿还借款；

（3）创业计划书中是否显示出你已进行过完整的市场分析；

（4）创业计划书是否容易被投资者所领会。其中是否含有索引和目录以便投资者可以较容易地查阅各个章节；

（5）创业计划书中是否有计划摘要，计划摘要相当于公司创业计划书的封面，投资者首先会看它。为了引起和保持投资者的兴趣，计划摘要应写得引人入胜；

（6）创业计划书中的文法是否全部正确；

（7）创业计划书是否能打消投资者对产品（服务）的疑虑。如果需要，你可以准备一件产品模型。

# 任务 4.2　撰写和推荐创业计划书

## 4.2.1　创业计划书的格式与基本内容

### 1. 基本格式

纸张一般采用纯白色或淡黄色、质地较好的 A4 纸，使用办公软件进行排版，页面设置取默认值，正文汉字采用小四号宋体，标题采用黑体，符号和数字采用 Times New Roman 字体，外包装采用高档硬纸，封面可采用硬质透明胶片，装订最好采用螺旋圈方式，以便翻阅。另外建议采用激光打印机进行打印。

### 2. 基本内容

创业计划书的基本内容与创业计划概要应基本一致，内容是对计划概要的进一步充实和完善。基本内容是计划书的主体部分，是整个商业构思的具体表述，是项目构思的逻辑思维与规划。创业计划书要求主体部分内容翔实，逻辑清晰。

1）封面

上世纪 70 年代初，美国心理学家阿尔波特·麦拉宾提出了“麦拉宾法则”，也被称为“7-38-55”法则。法则告诉我们，旁人的观感，55%是由视觉信息决定的。而封面作为创业计划书的门面，更是尤为重要。封面分为上下两个部分，上面部分是标题，要注明创业计划书的企业或项目名。下面部分要注明承担单位名称、联系方式、联系人及日期等内容。如果公司或项目有自身的徽标，可将其排在项目承担单位名称的左上方。封面设计要富有个性，给阅读者形成良好的第一印象。

2）目录

目录虽然放在创业计划书的开头，但通常是最后制作。创业者应先建立所有项目，再根据每个项目的具体内容制定目录。目录不仅能使阅读者在第一时间了解计划书的大致内容，还能使读者快速定位到具体的内容当中。

某共享单车创业计划书的 PPT 演示目录如图 4-1 所示。

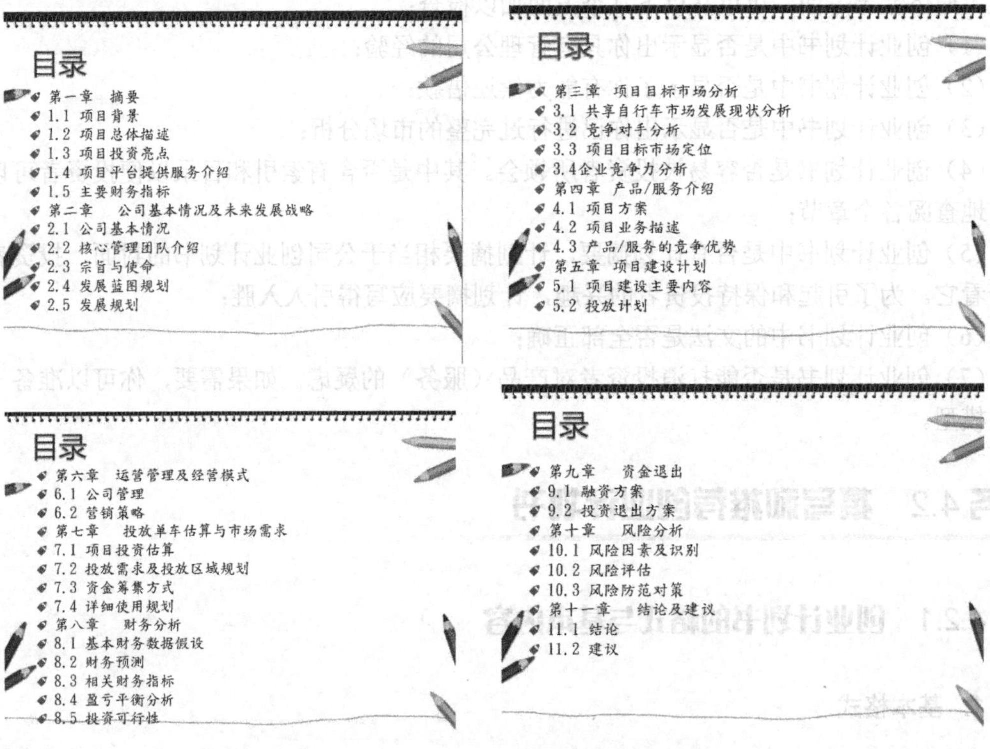


图 4-1　某共享单车计划书的 PPT 演示目录

3）摘要

摘要是创业计划书的精华。摘要涵盖了计划的要点，以便读者能在最短的时间内评审计划并作出判断。计划摘要一般包括的内容有：公司介绍、管理者及其组织、主要产品和业务范围、市场概貌、营销策略、销售计划、生产管理计划、财务计划、资金需求状况等。摘要需简明、生动，要特别说明自身企业的不同之处以及企业获取成功的市场因素。

4）企业介绍

企业介绍，也称之为项目介绍。并不是每位初次创业者都有实力开办企业或公司，作为初次创业的大学生更多会根据自身实际情况选择开家小店。但无论是否开办公司，创业者都应对项目本身充分了解，并在计划书中详细地介绍。企业介绍主要包括基本情况、管理情况、发展目标等。

5）产品、市场和行业分析

（1）产品分析：要清楚地介绍自己的产品和服务，明确地描述产品特征、优势、包装等方面。在消费者市场中，谁能抓住顾客的喜好，谁能第一时间解决顾客的问题，谁能更好地服务顾客，谁就能抢占市场的风口。所以在产品介绍中要清楚地指出产品对消费者的优势，不能只简单列举产品的特殊性。例如“滴滴出行”App 便是在考虑了消费者出行困难后衍生的生活产品。

（2）市场分析：创业者需要对市场有充分了解，锁定具体的目标客户。

（3）行业分析：

① 该行业的发展程度如何，现在的发展动态如何，发展趋势怎样；

② 创新和技术进步在该行业扮演着怎样的角色；

③ 该行业的总销售额有多少，总收入有多少，未来的发展趋势怎样；

④ 该行业产品的价格趋势是怎样的；

⑤ 经济发展对该行业有怎样的影响程度，政策是如何影响该行业的；

⑥ 是什么因素决定着这个行业的发展；

⑦ 该行业竞争的本质是什么，你将采取什么样的战略进行发展；

⑧ 进入该行业的障碍是什么，你又将如何克服，该行业典型的回报率有多少。

6）研发生产计划

研发生产计划应首先介绍本公司具有的研发能力，包括公司已有的研发成果、新开发产品及关键技术的先进性（技术专利、知识产权、获得奖励等），以及与同类产品的竞争优势。应说明公司的技术研发方向、未来重点开发的产品以及研发投入计划及管理措施，以保证未来研发的产品质量、产品的升级换代以及技术地位的领先。其次，应介绍本公司的生产制造能力、生产管理能力及生产计划能力，生产制造能力用来说明本公司生产条件情况；生产管理能力用来说明本公司在产品生产过程中对产品质量的监控情况；生产计划能力用来说明未来本公司计划投入的生产计划，例如人才引进等。

7）营销计划

营销计划是投资者或潜在合作伙伴重点关注的部分，因为这里会详细地说明怎样进入市场，怎样建立产品或服务的知名度，怎样吸引顾客以及扩充公司获得更大的市场占有率。“4P”是营销计划里的重要组成部分，主要指：

（1）产品（Product）。销售什么产品，产品有怎样的特点，是否打算扩大产品？

（2）价格（Price）。消费者需要花多少钱购买产品？

（3）渠道（Place）。通过怎样的渠道分配、运送、供应产品或服务？

（4）推广（Promotion）。如何刺激消费者的购买欲？怎样进行广告宣传？计划安排怎样的公关活动进行推广？

只有把“4P”论述清楚，营销计划部分才能顺利地完成。

8）组织管理计划

组织管理计划中一要介绍公司的内部机构以及公司的核心团队。对每个创始人及管理团队成员的简历要着重介绍。二要介绍公司的组织机构（部门）并解释每个机构（部门）存在的意义与作用。要呈现出公司拥有善于用人的制度以及对组织机构（部门）合理的划分。这里需注意：经验和学历面前，投资者一般较为注重前者，因此各个成员的工作经历可以占用更多篇幅。

9）财务和融资计划

创业公司融资难的原因有以下几点：

（1）创业团队缺乏融资谈判的准备和经验；

（2）创业团队没有仔细审查自身的商业模式；

（3）公司股份结构和法律结构复杂；

（4）创业团队的实力原因，使投资人缺乏信任和信心；

（5）公司估值过高；

（6）创业团队舍不得将精力和资金花在公司包装和融资谈判上以致错失良机。

因此，在撰写财务和融资计划时应力求精准，创业者要提供各项财务资料，并着重分析三方面内容：损益、现金流量及资产负债。若有融资需要，应在计划书中进一步说明公司需要资金的数量、指出资金或贷款的利用方式，并解释如何让投资者有丰富获利以及如何偿还贷款额。

10）风险分析

在进行风险分析时，应围绕以下几个方面进行描述：

（1）公司在市场、竞争和技术方面有哪些风险；

（2）创业团队准备如何对待这些风险；

（3）公司有哪些附加机会；

（4）公司在现有资本的基础上如何进行扩展；

（5）在最好和最坏的情形下，公司在五年计划中表现如何。

如果风险估计不准确，应估出风险范围，并对最好和最坏的情况进行考虑。

综上所述：首先，封面、目录作为创业计划书的门面，撰写时要注意对这两个模块的精心设计，使投资者在千篇一律的创业计划书中能第一时间被你的计划书所吸引。其次，创业计划书应将重要部分如企业（项目）介绍、营销计划、组织管理计划以及财务和融资计划、风险计划罗列出来，其他内容可以结合自身企业（项目）的实际情况进行修改。

另外，创业计划书要与创业计划摘要区分对待，摘要切记过长，突出创业计划书的亮点即可，这样会使阅读者对整体内容有一个大致的了解，同时激发阅读者继续阅读的兴趣。创业计划书则是对创业计划摘要进行逐项详细的解说，使投资者更深入地了解相关内容。只有两者相互结合才能使创业计划书更为完整、精彩出众。

**3. 注意事项**

1）信息收集和数据分析

信息收集时应该根据创业项目的关键要素确定需要收集哪些信息资料，例如商机优势、宏观经济政策优势等。投资者在面对创业计划书的时候，更喜欢看到的是数据分析而不是文字堆砌，因为数据能在第一时间反映出这个项目的投资意义。这就要求创业者在前期工作时重视对数据材料的收集，最好能罗列出所需资料清单，明确自身缺乏的信息资料。信息搜集可以通过各类媒体查询、开展实地调查、聘请专业公司参与分析等方式进行。在收集好信息后需要对信息资料进行整理，以便后期撰写创业计划书时查询使用。

2）实效性检查

创业计划书是企业（项目）成功获得融资的重要工具之一，同时也有利于帮助管理者有计划地开展创业活动。这就要求计划书要具有实效性，应有清晰明了的各项目工作简表，包括合理的预算、易实现的销售目标、可实施的营销计划等。在完成撰写后，应对计划书是否具有实效性进行核查。

3）检查和修改

应对创业计划书的格式进行检查和修改。由于创业计划书具备一定的商业价值，主封面应标注保密级别。对文字语法上的检查包括用字、用词、标点和相关的计算依据，应尽量用简单而准确的词语来描述每件事和每个产品。段落、层次应清晰，应适当增加图表。内容方面应先整体检查再重点检查。最后，检查创业计划书是否能显示出创业者具备相应的经验或能力，是否能显示出对市场的客观分析，是否易被投资者所领会，是否能打消投资者和团队伙伴的疑虑。

**创业小贴士** 野蛮社会，体力能够统御财力和智力；资本社会，财力能够雇用体力和智力；信息社会，智力能够整合财力和体力。

——牛根生

## 4.2.2 如何推荐创业计划书

在创业计划书定稿后，创业者面临的问题是如何更好、更有效地推荐创业计划书。这时需要创业者把创业计划书里的核心内容通过 PPT 等方式展示给投资者。在展示的过程中，创业者要接受投资者的质疑并且解答他们的疑问。由于阅读对象对创业计划的结构内容比较敏感，所以创业者在撰写创业计划书以及制作 PPT 时要加以认真考虑。同时，在内容的布局上，对字号、颜色、图表等要进行精心地处理。一份好的演示文件要简练并能突出重点。

### 1. 推荐创业计划书的方法

创业计划书最终要通过文字等形式表达出来，第一种表达方法是通过 PPT 的形式进行演示。一份好的 PPT 应在 Word 版的基础上进行修改提炼，并注意使用以下一些技巧：

（1）内容要精炼，展现优点，突出独特之处。

（2）幻灯片的张数应控制在 25 页左右，把创业计划书的主体内容表达清楚即可，一个主题控制在 2 页左右。

（3）演示稿不宜设置过多的功能，避免让人眼花缭乱并导致观看者关注力下降，PPT 应该保持视觉平衡和有说服力的版面设计。

（4）为了突出本企业（项目）的特色，可以在每页幻灯片中加入本公司的 LOGO，甚至还可以加上本企业（项目）的宣传口号，加深观看者对本企业（项目）的认可。

第二种方式是借助新媒体的力量。现在是自媒体社会，如果能在介绍创业计划书时运用手机 App 或者小程序、二维码进行展示，那么，不仅能体现出企业紧跟潮流，还能更好地展示创业计划。

### 2. 注意事项

展示创业计划的重中之重在于展示的人。展示者要将听众的目光吸引到自己身上，应想方设法使展示过程生动活泼、充满激情。展示者在讲解创业计划时切记不要滔滔不绝、自顾自地演讲，要多与听众交流，通过向听众提问题而有意停顿，或通过提高音量等方式带动听众的感觉，调动听众的情绪。展示的创业计划除了要涵盖基本要素外，还要注意每行的内容最好不要太多，每页不超过 6 行，连续 6 页文字后需要加入图表进行视觉停顿。

#### 故事分享 13　李丐腾创业的三种“势”

从 41 元白手起家，到灵巧驾驭轻资产“转身”品牌供应商，到借助品牌和信用拉动供应链融资成功上市，继而立志“全球著名品牌”布局海外市场……作为上海飞科电器股份有限公司的董事长，李丐腾率领“飞科”每一次“飞得更高”的背后，都有一种温州商人在改革开放浪潮中踏浪而起的机敏和胆魄。古人说“兵有三势”，李丐腾将创业者征战商场的智与勇，归为得益于时代的三种“势”。

一是谋“势”求变，飞出穷山村。20 岁的李丐腾考上大学，但没钱供学费。怀着一颗不肯向命运服输的心，他带着家里仅有的 41 元积蓄，踏上了外出谋生之路。摆地摊、修摩托、当焊工、给剃须刀厂打工、独立经营剃须刀网片生意……李丐腾跟每个“白天当老板、晚上睡地板”的创业温州商人一样，勤奋、敢拼、不怕苦，抓住每一次机会寻求改变。那天，李丐腾站在温州一家百货公司专柜前“偶遇”了一款飞利浦双转头剃须刀，两千多元的标价让他目瞪口呆。回家的路上，李丐腾边走边思考：为什么飞利浦剃须刀能卖得比一台电视机还贵，而国产剃须刀只能在十几块钱的价格区间厮杀？商机就在眼前，但自己没资源、没人脉，连厂房都没有，到底能不能搏一把？1999 年，赶着改革开放在温州掀起的第一次大范围创业潮，飞科剃须刀诞生了。李丐腾给初生的“飞科”立下第一个目标：用最好的配件，做最好的国产剃须刀，不打价格战。

二是乘“势”追击，两度再腾飞。乘“势”追击，他做出了一个惊人的决定——投放 500 万元到央视黄金时段打广告，快速打响品牌。这个决定在当时几乎遭到了全公司人的反对。但这一次，“河对岸”给了他丰厚的回报——因为持续在央视播出广告，“飞科”的品牌地位迅速上升，并顺利实现了生产型企业到品牌供应商的第一次转型。“不知足”的李丐腾，瞄准“微笑曲线”价值链上附加值最高的两端，再次做出超前于当时大多商业模式的决策：把有限的资本投入到“设计研发”和“品牌运营”两大核心业务，外包大部分生产业务，转型为轻资产品牌公司。电吹风、电动理发器、电熨斗等一系列产品走上市场；以商场超市为主、经销商为辅的渠道体系建立运行；借助“天猫”“京东”等平台拓展线上销售网络；吸收 5 家同行业企业组建飞科集团……短短十多年，“飞科”迅速实现再一次腾飞。2016 年 4 月 18 日，飞科电器在上海证券交易所上市，上市当天，创始人李丐腾的身价就超过了百亿元之巨。

三是造“势”求新，飞向全世界。站在改革开放的新节点上，“飞科”要乘着“全球化”和“智能化+互联网化”的东风，向科技创新再造腾飞之势，向海外市场布局新的商业宏图。在品类多元化的同时，添加智能元素——“飞科”增加空气净化器、加湿器、智能秤、移动电源等产品的智能化研发，打造面向年轻消费群体的“时尚、科技、简约”新产品。（材料来源：温州日报，2018年4月24日）

**启示**：李丐腾创业不到20年，正是踏着改革开放不断深入的巨浪，善于谋势、敏于乘势、敢于造势，一路推动“飞科”从无到有、从有到强，创造了小家电领域的商业传奇。

扫一扫下载阅看案例：杜国楹5次跨界创业的体会

## 技能训练4

**实训目的**：了解创业计划书的重要性，掌握撰写技巧。

**实训项目**：撰写创业计划书。

**实训要求**：创业团队根据所选择的创业项目，上交一份创业计划书。

# 学习情境5

## 筹资——预算与融资

**创业导师语录** 古人云“兵马未动，粮草先行。”没有充足的粮草，再强大的军队也寸步难行。对企业来说，资金就是企业的“粮草”。筹资是企业财务活动的起点，是企业生存和发展的基本前提。筹资最先需要解决的是创业资金预算和融资的问题。

**情境导入** 曲歌组建创业团队，明确创业项目后，决定勇敢实现梦想，大胆创办企业。可是租用办公场所要钱，登记注册要钱，购买原材料要钱，开业促销也要钱……曲歌创业团队急需筹集创业启动资金。

筹资阶段的主要任务：

（1）需要筹集多少资金；（进行创业资金预算）

（2）从哪筹集资金。（寻找创业融资渠道）

# 任务 5.1　创业资金需求与预算

## 5.1.1　创业资金需求

资金是企业的生命，无论是企业创建，还是企业扩张，都离不开资金。对企业来说，资金需求具有鲜明的阶段性。结合企业的生命周期理论，我们将创业企业分为种子期、创建期、成长期、成熟期、衰退期五个阶段。创业企业在不同阶段的资金需求情况如表 5-1 所示。

**表 5-1　创业企业在不同阶段的资金需求情况**

| 创 业 阶 段 | 企业资金需求情况 |
| --- | --- |
| 种子期<br>（孕育阶段） | 为验证项目创意可行性，开展市场调研，或新技术、新产品的开发测试，资金需要量相对较小 |
| 创建期<br>（开创阶段） | 创建企业需要购买机器设备、办公家具，采购原材料和办公用品，发放人员工资和开业促销等，资金需求量较大 |
| 成长期<br>（发展阶段） | 前期产品投入市场，销路尚未打开，资金主要用于产品后续开发和市场推广；后期扩大生产，实现规模效应，资金需求量大 |
| 成熟期<br>（高级阶段） | 企业技术成熟，市场稳定，现金流稳定，对外部资金的需求较少，资金需求量一般 |
| 衰退期<br>（最终阶段） | 企业出现工艺落后、市场萎缩、市场占有率下降等问题，资金主要用于技术和设备的改造升级以及产品的更新换代等，资金需求量较大 |

## 5.1.2　创业资金预算

创业资金预算，是创业融资的依据和前提。在创业初期，购买机器设备、办公家具等固定资产，交房租，购买原材料，发放人员工资等都需要使用大量资金。资金过多，会造成资金闲置浪费，同时，也会增加融资成本和债务风险；资金不足，会影响企业投资计划和日常生产经营运作，不利于企业扩大再生产。

在创建企业前，我们要根据市场调研情况，结合企业预计的经营规模，预测资金需要量。创业资金预算包括启动资金预算和利润预算两部分。

### 1. 启动资金预算

启动资金，又叫开办资金，是创业企业用来支付经营场地（土地和建筑）、机器设备、办公家具、原材料、营销推广、水电网费等的资金。启动资金按照用途分为投资、固定资产和流动资金等部分。创业企业的启动资金分类如表 5-2 所示。

表 5-2 创业企业的启动资金分类

| 投资、固定资产 | 流 动 资 金 |
| --- | --- |
| 场地（土地、厂房、办公建筑、仓库、店铺等）<br>设备（机器、工具、交通工具、办公家具等）<br>开办费用（市场调查费、培训费、差旅费等） | 原材料和成品采购费用<br>人员工资<br>租金 |
| 无形资产（加盟费、技术转让费、专利权费等）<br>装修费用（数额大时可列入投资、固定资产，数额小可列入流动资金） | 广告费<br>社会保险费<br>其他费用（水电网费等） |

1）投资、固定资产

广义的投资包括企业场地建筑、设备、开办费用和无形资产四部分。投资的主要部分是固定资产，包括场地建筑和设备。固定资产是企业为生产产品或提供劳务而持有的使用期限在 12 个月以上的非货币性资产。固定资产价值较高，除必要开支外，创业企业要尽量降低固定资产投入。

（1）场地。开办企业需要适合的场地建筑，场地建筑有建房、买房、租房、在家办公四种不同的形式。企业不同场地的优缺点如表 5-3 所示。

表 5-3 企业不同场地的优缺点

| 场 地 形 式 | 优 点 | 缺 点 |
| --- | --- | --- |
| 建房 | 能满足企业特殊需求 | 成本高，工期长 |
| 买房 | 有固定办公场所、较为方便 | 成本较高，工期较长 |
| 租房 | 方便灵活，简装，成本较低 | 不稳定 |
| 在家办公 | 成本低，简单调整即可使用 | 工作生活难以分离 |

（2）设备。设备是企业需要的机器、工具、交通工具、办公家具等。对制造业和部分服务业来说，设备是企业最大的投资。购买设备要慎重，本着经济适用的原则，尽可能降低设备成本。

（3）开办费用。开办费用是企业创建期间发生的市场调查费、资料费、注册登记费、培训费等费用。

（4）无形资产。无形资产包括专利权费、著作权费、加盟费、商标权费、技术转让费等。部分创业企业由于缺少经验会选择加盟市场运作成熟的商家，借助其现有资源和管理经验进行运营，但需交纳一定的加盟费。

2）流动资金

流动资金，又叫运营资金，是保证企业正常运转所需的日常资金。创业企业至少要准备足够 3 个月使用的流动资金。流动资金主要用于人员工资、原材料和成品采购费用、租金、广告费、社会保险费及其他费用等。

（1）人员工资。工资不仅包括雇佣员工工资，也包括创业者自己的工资。新创企业短期内很难获利，创业者可以以工资的方式保障个人和家庭的基本生活支出。

（2）原材料和成品采购费用。开业前要预测最低所需的商品库存数量，并提前准备相应的原材料和成品。

（3）租金。租金主要是租用办公场所需要交纳的费用。

（4）广告费。广告费是企业对产品或者服务进行宣传推广产生的费用，要慎重选择合适的促销方式。

（5）社会保险费。社会保险费是企业依法按照一定比例缴纳的各种养老保险、失业保险、医疗保险、工伤保险和生育保险等产生的费用，社会保险费是一项必要开支。

（6）其他费用。其他费用包括水电网费、交通费、办公费以及其他不可预见的开支。

**创业小贴士** *启动资金配置可参照“六三一黄金比例”，六成用于企业固定资产投入；三成用于流动资金；一成用于应急，预防突发情况的发生。*

### 2. 利润预算

企业存在的根本目的是为了获利，创业企业要提前制订企业利润计划。利润是企业在一定会计期间的经营成果，在我国，会计期间分为月度、季度、半年度和年度。企业利润可以按会计期间编制月度利润表、年度利润表，估算企业营业收入和营业成本后，再根据会计等式 “利润=收入–费用”，计算企业利润。

#### 1）营业收入

营业收入是企业在销售商品、提供劳务等日常经营活动中形成的经济利益。营业收入是由销售量和价格共同决定的。产品定价是一门技术，更是一门艺术。创业企业的产品定价要充分考虑产品成本、市场需求、竞争对手、上市时机等因素。产品定价的常用方法是成本加价法，成本加价法是在成本基础上增加一定百分比的利润确定产品或服务的价格。比如一碗米粉的成本是 5 元，加上 30%的利润，定价为（1+30%）×5 元=6.5 元。创业者可以根据市场调研结果，再结合推销人员访谈、专家咨询，确定价格，以此预测销售量以及估算营业收入。营业收入估算表如表 5-4 所示。

**表 5-4 营业收入估算表**

| 产 品 类 别 | 预计销售量 | 预 计 单 价 | 预计营业收入=预计销售量×预计单价 |
|---|---|---|---|
| 产品 1 | | | |
| 产品 2 | | | |
| … | | | |
| 合计 | | | |

（备注：销售量根据市场调查估算，单价根据市场调查和原材料成本估算）

#### 2）营业成本

营业成本是企业销售商品或提供劳务的成本。营业成本可以根据营业收入进行配比，或根据预估销售量和原材料成本进行估算。比如估算一道水煮牛肉的价格，水煮牛肉中主料是牛肉，辅料是青菜和各种调料。那么水煮牛肉的成本就是牛肉的成本加各种辅料的成本，再加上水、电、煤气、人工劳动等成本。营业成本估算表如表 5-5 所示。

#### 3）利润

利润分为营业利润、利润总额和净利润三种。营业利润是与企业生产经营活动直接相关的利润，是营业收入扣除营业成本，再扣除营业税金、三大期间费用（销售费用、管理费用、

表 5-5　营业成本估算表

| 产 品 类 别 | 预计销售量 | 预计单位成本 | 预计营业成本=预计销售量×预计单位成本 |
|---|---|---|---|
| 产品 1 | | | |
| 产品 2 | | | |
| … | | | |
| 合计 | | | |

（备注：销售量根据市场调查估算，单位成本根据市场调查和原材料成本估算）

财务费用）后的金额。利润总额，也叫税前利润，等于营业利润加上与企业经营活动无关的收入支出余额。净利润，也叫税后利润，是利润总额扣除所得税之后的利润。利润估算表如表 5-6 所示。

表 5-6　利润估算表

| 项　目 | 金　额 | 说　明 |
|---|---|---|
| 一、营业收入 | | 预测营业收入 |
| 减：营业成本 | | 预测营业成本 |
| 税金及附加费用 | | 按照行业税费标准预估 |
| 销售费用 | | 销售产品或提供劳务过程中发生的费用，如广告费、差旅费、销售人员薪酬等 |
| 管理费用 | | 企业行政管理部门为组织和管理生产经营活动发生的费用，如办公费用等 |
| 财务费用 | | 企业生产经营过程中为筹集资金发生的筹资费用，如手续费、利息等 |
| 二、营业利润 | | 营业利润=营业收入-营业成本-税金及附加费用-销售费用-管理费用-财务费用 |
| 加：营业外收入 | | 与企业经营活动无关的收入，如政府补贴等 |
| 减：营业外支出 | | 与企业经营活动无关的损失，如捐赠、罚款等 |
| 三、利润总额 | | 利润总额=营业利润+营业外收入-营业外支出 |
| 减：所得税 | | 按照行业税费标准预估 |
| 四、净利润 | | 净利润=利润总额-所得税 |

## 故事分享 14　奶茶店的创业经

一个高校创业团队的小伙伴打算在学校附近开一家奶茶店。创业团队就此展开头脑风暴。有人说，我们加盟大受欢迎的鼎茶、COCO、喜茶或者大维饮品等奶茶连锁店，学他们的技术，用他们的招牌，简便高效；有人说，加盟费很贵的，还是自己研究琢磨吧；有人说，店面只要 5 $m^2$ 就足够了，主要做外卖；有人说，店面要大，除了奶茶，还可以提供甜点小吃。小伙伴们七嘴八舌地争执不下。导师建议大家先粗略估计一下开店启动资金。初步预算包括：购买冰柜、制冰机、封口机、榨汁机、保温桶等设备约 16 000 元；购买一次性杯子、一次性勺子、吸管、搅拌棒等用具约 1 500 元；购买各种水果、红豆、绿豆、咖啡、巧克力、茶等原材料或者成品约 5 000 元；开业广告宣传单页 3 000 元；人员工资 2 000 元/月/人；房租，5 $m^2$ 大小房租为 20 000 元/年，10 $m^2$ 大小房租为 35 000 元/年。另一人补充道，还有装修费、开办费，知名的奶茶连锁店加盟费一般要 10 万以上。如果不算加盟费，奶茶店至少需要 7 万元启动资金。

小伙伴们对奶茶的定价产生分歧。有人说，一个便宜三个爱，我们走大众化路线，图的就是薄利多销；有人说，周边都是普通奶茶店，我们要做特色高端奶茶。众人争执不下，向创业导师征求意见。创业导师说，无论是大众奶茶还是高端奶茶，我们要开一家赚钱的店。价格不是唯一的，利润才是最重要的。在互联网时代，很多企业为吸引顾客，做好口碑传播，纷纷打价格战，“一元咖啡”“一元汉堡”“一元菜”等活动满天飞。开业宣传活动带来人流，但后续发展还要看经营管理。开业特价活动一般持续时间很短，且多有限制，就是为了避免企业看上去生意红火，但综合考虑各项成本后实际是不赚钱的。企业长久生存发展要充分考虑到店铺租金、奶茶自身成本、员工工资和其他日常开销。定价不是越低越好，一味压缩成本，不保证产品质量的低端奶茶是无法长久的；定价也不是越高越好，产品定价高要有匹配的质量保障，不然也是没有销量的。为此，开业前我们要做好目标定位，明确奶茶店的发展方向，做好成本利润估算。做到心中有数，遇事不慌。

**启示：**创业要量力而行。创业启动资金预算要分类列表，不要有遗漏。创业前要预估企业规模，资金预测要合理，既能满足需要，又遵循经济实用的规则。产品定价则要综合考虑产品成本和市场需求状况。

## 任务 5.2 创业融资

融资，是企业资金筹集的行为与过程。创业融资是创业者为了将某种创意转化为现实，根据企业预计经营规模、生产经营状况和未来发展需要，预测企业资金需要量和企业利润，并通过一定渠道，采用特定方式，从资金持有者手中筹集资金，创立企业并满足企业正常经营活动需要的经济行为。

### 5.2.1 融资流程

“凡事预则立，不预则废。”创业者融资前要明确融资流程。创业融资流程分为融资准备、资金预算、融资决策、融资谈判和融资管理五个步骤，融资流程如图 5-1 所示。

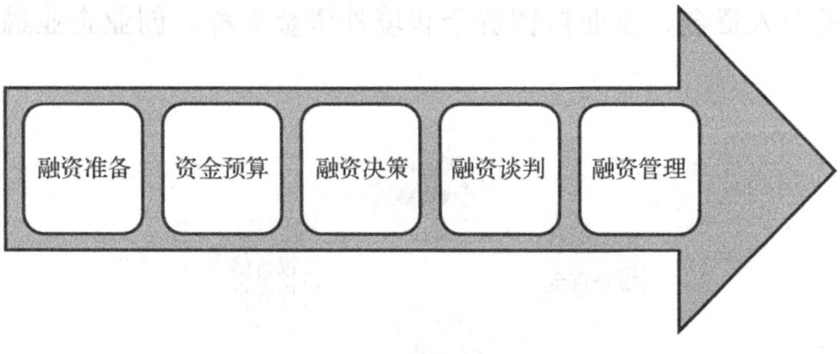


图 5-1 融资流程

#### 1. 融资准备

创业融资不是一件简单的事情，创业者要做好充足的准备。对于大学生创业者来说，融资准备主要表现在个人信用和人际关系的积累上。一方面，要保持良好的个人信用记录，避免过度消费，信用卡或网上贷款要及时还款。如果个人信用记录不良，对房贷、车贷、创业贷款都有较大的影响。另一方面，要积极拓展人脉。大学生要积极参加社团活动和各种社会实践，建立自己的人际关系网。

**2. 资金预算**

融资要明确资金需要量。在 5.1.2 节讲创业资金预算时已经明确提出创业启动资金预算和利润预算的概念。创业企业资金的需求具有阶段性，要合理估算企业融资规模，不是简单的财务测算问题，更关乎企业的长远发展。

**3. 融资决策**

融资决策是为筹集资金制定最佳的融资方案。创业融资有不同的资金来源和融资方式，较常见的有自己出资、向亲友借钱、向银行贷款、吸纳天使投资等。银行贷款需要按时还款付息，天使投资和风险投资需要出让企业部分股权。融资决策时需要根据资金需要量选择合适的融资渠道和融资方式，确定股权和债权出让比例。

**4. 融资谈判**

明确融资决策后，如果是银行贷款、天使投资、风险投资，则需创业者与投资人或投资机构进行融资谈判，明确双方的权利和义务。融资谈判前，需要做好充分的前期准备，包括创业计划书等资料的准备、团队准备、模拟演练等，以促成融资协议的签订。

**5. 融资管理**

创业融资不是一次性的行为，包括融资前期准备、融资过程管理和融资事后管理。达成融资协议后，要做到有效跟进落实资金到位情况以及资金的合理使用。创业融资贯穿着企业的整个生命周期，要建立企业自身的融资档案，对每一次的融资行为进行有效的监控和评估。

## 5.2.2 融资渠道

融资渠道是企业资金的来源和通道，主要有国家财政资金、银行信贷资金、非银行金融机构资金、居民个人资金、企业自留资金和境外资金 6 种。创业企业融资渠道如图 5-2 所示。

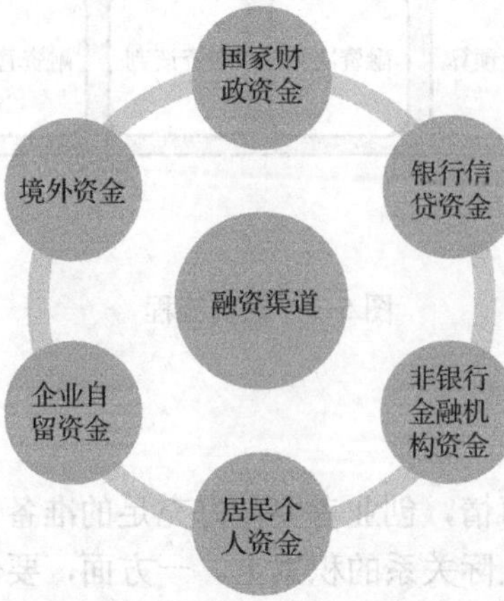


图 5-2　创业企业融资渠道

### 1. 国家财政资金

国家财政资金是国家以财政拨款方式投入企业的资金。尽管国家财政资金在企业资金中的比例不大，但对大学生创业者来说，国家关于创新创业的各项优惠扶持政策仍然是要重点关注的。

### 2. 银行信贷资金

银行信贷资金是企业重要的资金来源，既有商业银行如中国银行、中国建设银行、招商银行等提供的贷款，也有政策性银行如中国农业发展银行、中国进出口银行等为特定企业提供的贷款。

### 3. 非银行金融机构资金

非银行金融机构资金主要来自信托投资公司、保险公司、证券公司等。相比银行信贷资金，非银行金融机构财力较小，但资金供应灵活方便。

### 4. 居民个人资金

过去居民个人资金多存放银行，现在居民逐步接受多样化的投资方式，如股票、债券、基金等。把居民手中的闲置资金集中起来，用于企业生产经营，也是企业重要的融资渠道之一。

### 5. 企业自留资金

企业自留资金，又称企业内部积累资金，是已建立企业在生产经营过程中形成资本的积累和增值，包括盈余公积、未分配利润等。企业自留资金是企业闲置资金的再利用。

### 6. 境外资金

随着中国加入世界贸易组织，越来越多的境外资金流入国内。境外资金主要分为外国政府贷款、国际金融组织贷款和境外民间资金三类。

## 5.2.3 融资方式

融资方式是企业筹集资金采取的具体形式。多数人将融资渠道和融资方式混为一谈，其实二者是有区别的，融资渠道看重来源，融资方式偏重手段。具体是说，同一渠道的资金往往有不同的融资方式，某个融资方式可以适用于某一特定融资渠道，也可以适用于不同融资渠道。

融资方式最常见的是按照投资者和企业的产权关系划分为债权融资和股权融资。债权融资，是企业向银行等金融机构或其他企业借入资金的融资方式总称。债权资金要按时偿还，并按约定支付报酬。股权融资，又称权益融资，是向投资人或机构出售公司所有权换取资金的融资方式总称。股权资金不需要偿还，但享有企业分红，并按比例享有对企业的控制权，参与企业经营管理。

股权融资和债权融资的区别如表 5-7 所示。

表 5-7　股权融资和债权融资的区别

| 分　类 | 债 权 融 资 | 股 权 融 资 |
| --- | --- | --- |
| 资金性质 | 借款 | 投资 |
| 本金 | 到期收回 | 不能收回，可转让第三方 |
| 报酬 | 固定利息 | 不固定分红，根据企业经营情况变化 |
| 企业控制权 | 无 | 按比例享有企业控制权，参与经营管理 |
| 风险 | 不承担风险 | 共同承担风险 |

融资还可以按照时间长短分为长期融资和短期融资。短期融资是使用期限在一年以内的融资，主要用于满足企业流动资金的需要。短期融资容易获取，且限制较少，资金成本较低。长期融资是使用期限在一年及以上的融资，主要用于新产品、新项目的开发，设备的更新改造等，回收期较长，资金成本较高。

### 1. 债权融资

债权融资的主要渠道有亲友借款、银行贷款、商业信用、典当融资等。

1）亲友借款

亲戚朋友的资金是创业融资的一个重要来源。亲友资金基于亲情和友情的信任，获取较容易，但要谨慎处理，如若处理不当可能会影响彼此感情。“亲兄弟明算账”，亲友借款最好以书面形式明确借款金额、偿还日期等细节，且借入款项在亲友能接受损失的承受能力范围内。

2）银行贷款

银行贷款是企业根据借款合同向银行或其他金融机构借入的，到期需还本付息的款项。银行财力雄厚，被称为创业融资的“蓄水池”，但贷款申请手续繁复，一般要求提供担保、抵押或收入证明。银行贷款有信用贷款、抵押贷款和担保贷款三种方式。信用贷款是银行凭借对借款人资信的信任发放的不需要抵押物的贷款，适合信誉良好、有一定偿债能力的大中型企业。抵押贷款是以借款人或第三方的财产如房屋、车辆等作为抵押物发放的贷款，适合有资产的创业企业。担保贷款是向银行提供第三方保证人作为还款保证发放的贷款。当借款人不能履行还款时，银行有权按照约定要求保证人履行或者承担清偿贷款连带责任。担保贷款适合初创小企业和大学生创业。

3）商业信用

商业信用是指在商品交易中由于延期付款或预收货款所形成的企业间的借贷关系。具体形式为：一是提供商品的商业信用，如企业间的商品赊销、分期付款；二是提供货币的商业信用，如预付账款、订金等。

4）典当融资

典当融资，是企业将动产、财产所有权作为当物抵押给典当行，交付一定比例的费用，快速取得当金，并在约定期限内支付当金利息、偿还当金、赎回典当物的融资行为。“急事告贷，典当最快”，典当融资具有高度灵活性，融资手续简便快捷，融资限制条件少，适合解决临时性资金短缺。但典当融资成本较高，除了贷款利息外，还要缴纳较高的综合费用，包括保管费、保险费等。

5）融资租赁

融资租赁，是借款人（承租人）在需要购买设备又缺少资金的情况下，由出租人代为购进或租进设备并出租给其使用，按期收取租金，租赁期满后，承租人可选择退回、续租或者购买租进设备的一种融资方式。通俗来说，就是“借鸡下蛋，卖蛋买鸡”。融资租赁的好处在于企业不用支付高额费用便可盘活企业资金。

### 2. 股权融资

股权融资主要有直接投资、天使投资、风险投资、私募股权投资、上市融资等方式。

1）直接投资

直接投资是创业者直接投入企业的资金，有自有资金和合伙资金两种形式。

自有资金是创业融资的主要来源。创业者要想方设法持有一定量的自有资金，因为自有资金是投资人提供资金支持的必要考量。如果创业者自己都不为企业投入资金，就更不会有投资机构或个人愿意冒险投资。大学生创业者，缺少固定的收入来源，可以通过奖学金、助学金、兼职打工获得自有资金，日常生活也要合理消费，养成储蓄习惯。

合伙资金是按照“共同投资、共同经营、共担风险、共享利润”的原则直接吸收个人或单位合伙带来的创业资金。合伙创业能有效聚集资金和人才，促进资源整合，降低创业风险。但合伙也会带来意见分歧，降低工作效率。因此，合伙创业必须明确具体合作方式和彼此分工等。

2）天使投资

天使投资（Angel Investment，AI），是自由投资者或非正式风险投资机构对原创项目构思或有发展潜力的初创企业进行的一次性的前期投资。天使投资多以成长性强的高科技企业、创意型企业为投资对象。天使投资人多为资金富裕者，或者是大型企业或跨国公司的高级管理者。国内著名的天使投资人有李开复、徐小平、雷军等人。天使投资主要基于投资人的主观判断或者个人喜好，程序简单，资金能在短时间内迅速到位。天使投资人不仅能提供资金支持，还能提供专业知识和社会资源等各方面的支持。

3）风险投资

风险投资（Venture Capital，VC），是由专业团队以参股方式将资金投入创业企业，与创业企业共担风险、共享利益，当企业发展到一定阶段后退出投资以实现自身资本增值的一种高风险、高回报的投资方式。风险投资有两种投入方式，一种是风险资本一次性投入，一种是风险资本分期分批投入。后者较为常见，不仅可以降低投资风险，也有利于加速资金周转。

风险投资有其独特性。一是权益性，风险企业以参股方式参与投资，要求拥有所占股份所对应的权益；二是长期性，风险投资一般经过五年甚至十年才会退出企业，还会根据企业发展情况进行增持；三是专业性，风险投资除了提供资金，还提供管理资源和行业经验；四是风险性，风险投资的高回报必然伴随着高风险。

4）私募股权投资

私募股权投资（Private Equity，PE）有广义和狭义之分。广义的私募股权投资是指企业通过非公开形式募集资金，对企业进行的股权投资。狭义的私募股权投资是与特定投资者签订股权认购协议，出让部分股权进行融资的行为。私募股权投资相对公募股权投资的融资约束较少，融资成本较低，目标性强，保密性强。私募股权投资一般通过私募股权基金向成长性好的企业进行股权投资，并提供管理和其他增值服务，以期望被投资企业进入成熟期后通过上市发行股票或其他方式退出投资，从而实现投资增值。

5）上市融资

上市融资，也叫首次公开募股融资（Initial Public Offerings，IPO），是企业通过证券交易所首次公开向投资者增发股票以募集企业发展资金的过程。在美国，股票多在纳斯达克市场交易；在中国，大部分中小企业选择在深圳证券交易所的中小企业版或创业板挂牌上市。上市融资无需偿还本金，有利于公司长期稳定地发展和公司的信誉，但对上市企业的业绩压力较大。

**创业小贴士** 天使投资、风险投资、私募股权投资、上市融资都属于广义的风险投资，适用于创业企业的不同阶段。天使投资多见于种子期和初创期企业，风险投资多见于初创期和成长期企业，私募股权投资多见于成长期和成熟期企业，而上市融资多见于成熟期企业。

### 3. 新兴互联网融资

1）P2P 网络借贷

P2P 网络借贷（Peer to Peer），是网络上个人对个人的借贷。借贷平台通过对贷款人的信用评级和贷款利率定价进行资金匹配，借贷平台如“人人贷”“拍拍贷”“宜信”等。P2P 网络借贷分为三类，第一类是无抵押、无担保的中介平台，平台不对贷方担保，贷方违约时借方损失自负，如拍拍贷；第二类是无抵押、有担保的中介平台，平台对贷方担保，贷方违约时由平台偿还，并向贷方追偿，如人人贷；第三类是有抵押、有担保的中介平台。P2P 网络借贷有操作简单、利率高、容易实现等优点，但存在风险高、缺乏监管等不足，因此要做好综合风险控制和投入产出分析等，以确保企业能规避风险并获得最大利益。

2）众筹融资

众筹融资（Crowd Funding）是借助互联网技术，让投资人基于情感、喜好或商业眼光参与创业投资，同时让投资人为创业企业提供资金以外的其他资源，如人力资源、客户资源等。众筹融资可以有效降低创业风险，热门的众筹咖啡就是由一群志同道合的咖啡爱好者共同出资组建的。

### 4. 政策性融资

政策性融资通常被称为创业者的“免费皇粮”。政策性融资是由政府出资或担保，不以赢利为目的，直接或间接提供融资或信用保证的融资方式。中小企业由于自身局限性较大，融资始终是企业发展的瓶颈。为解决中小企业融资难问题，各级政府设立了各种专项扶持基金。专项扶持基金包括中小企业发展专项资金、科技型中小企业技术创新基金、中小企业国际市场开拓资金、人才培训资金、公共服务资金等。此类资金多为免费，大大降低了融资成本，但因申请程序严格，且政府每年投入有限，所以对申请者的要求较为严格，同时也要面临与其他创业者之间的竞争。

1）中小企业发展专项资金

中小企业发展专项资金（以下简称专项资金）是政府通过无偿资助、投资补助、购买服务等方式，用于优化中小企业发展环境、引导地方扶持中小企业发展及民族贸易、少数民族特需商品定点生产企业发展等的专项资金。专项资金申报和立项每年一次，于每年的上半年申报。

2）科技型中小企业技术创新基金

科技型中小企业技术创新基金（以下简称创新基金）是政府通过贷款贴息、无偿资助、资本金投入等形式，通过技术创新和成果转化，培育和扶持科技型中小企业的专项资金。创新基金多见于重点技术含量高、市场前景好的科技型中小企业的种子期和初创期。申请创新基金需在当地省级科技主管部门的网站中进行网上申报。

3）大学生创业补贴

国家、各级地方政府大力支持大学生创业，并给予较多补贴，如首次创业补贴、优秀创业项目补贴、社会保险补贴、租房补贴、创业培训补贴等。大学生创业补贴类型如表 5-8 所示。全国各地大学生各项创业补贴申请条件不同，具体以当地政策为准。

**表 5-8　大学生创业补贴类型**

| 类　型 | 说　明 | 实　例 |
| --- | --- | --- |
| 首次创业补贴 | 江苏、四川、山东等地为大学生创业团队提供的一次性创业补贴 | 江苏省对首次创业正常经营 3 个月以上的大学生，可凭借身份证明及工商营业执照、员工花名册、工资支付凭证等资料申请 5 000 元开业补贴 |
| 优秀创业项目补贴 | 江苏、重庆、广东等地鼓励创新创业，对优秀创业项目给予高额奖励资助 | 江苏南京入选青年大学生优秀创业项目遴选资助的给予 20～50 万元的一次性资金资助；南宁 2017 年上半年获批遴选资助青年大学生优秀创业项目 102 个，资助金额达 2 560 万元 |
| 社会保险补贴 | 对自主创业的大中专毕业生按灵活就业人员政策给予社会保险补贴 | 天津对高校毕业生创业给予 3 年社会保险补贴，补贴按照当地社保最低缴费基数企业缴费部分计算 |
| 租房补贴 | 广西南宁、江苏南京等城市对入住创业孵化基地或创业园区的企业有租房补贴 | 南宁市对入驻创业孵化基地并与基地签订了场地租用合同的创业企业，按季申报场地和水电补贴，补贴标准最高不得超过 1 300 元/户·月（两项合计），补贴期限最长不超过 2 年 |
| 创业就业带动补贴 | 大学生初创企业根据招用人数给予创业带动就业补贴 | 甘肃兰州市对吸纳 5 名以上劳动者就业的大学生创业企业，每安置就业 1 人给予 5 000 元补贴，累积补贴期限不超过 3 年 |
| 创业培训补贴 | 对参与规定创业培训的大学生适当给予创业培训补贴 | 四川省 2017 年上半年对 11 173 名创业大学生进行培训，共发放创业培训补贴 731.1 万元 |

4）大学生创业贷款

大学生创业贷款是银行等资金发放机构对各高校学生（大专生、本科生、研究生、博士生等）发放的无抵押、无担保的无息贷款。全国多个地区和城市有大学生创业无息贷款优惠政策，多面向当地创业的高校毕业生（含大学生村官和留学回国学生），贷款最高金额现调至 10 万，并由政府全额贴息。贷款期限不超过 3 年，经申请批准后可延期一次，且延期不得超过 1 年。大学生创业贷款详细要求参见当地有关优惠政策。

### 5.2.4 融资决策

融资决策是融资方案的优化组合。做融资决策时要对不同融资方式的优缺点、企业生产经营的状况和企业所处的融资阶段进行综合考虑。

#### 1. 融资决策的影响因素

1）融资成本

融资成本是取得和占用资金的代价，包括融资费用和用资费用两部分。融资费用是资金筹集过程中发生的各种费用，比如银行贷款支付的手续费、发行股票或债券支付的注册费或代理费等。用资费用是企业因使用资金向资金提供者支付的报酬，如银行贷款支付的利息、向股东支付的股息和红利等。创业融资要充分考虑融资成本、企业承受能力、企业发展实际，确定最优融资组合。

2）融资风险

融资风险是企业筹集资金过程中的不确定性。它包括企业可能丧失偿还能力的风险和股东利益遭受损失的风险，与企业偿还能力与负债规模和负债期限结构有关。负债规模是负债总额大小或负债在资金总额中所占比例，企业负债规模越大，利息支出越多，财务风险越大。负债期限结构是企业长短期借款的比例，筹集长期资金采用短期借款，或相反，都会增加企业筹资风险。股东利益与企业经营风险和市场风险有关。企业经营不善或出现市场波动，都会影响企业融资决策。

3）融资目的

如果融资是用于企业流动资产，由于流动资产具有周期短、易于变现、数额小、占用时间短等特点，企业宜选择短期融资，如银行短期贷款、商业信用等。如果融资是用于长期投资或购买固定资产，资金需要量大、占用时间长，企业适合选择长期融资，如银行长期贷款、风险投资等。

4）企业控制权

融资决策要考虑所有者对企业的控制权是否会受到影响。股权融资会直接改变企业产权比例，而债权融资则不会出现关于企业控制权的担忧。综合以上因素，不同类型的企业应选择不同的融资方式。不同类型融资方式的选择如表 5-9 所示。

**表 5-9 不同类型企业融资方式的选择**

| 类别 | 融资方式 | 特点 | 适合企业 |
|---|---|---|---|
| 债权融资 | 亲友借款 | 成本低，获取容易；处理不当时容易影响感情 | 初创企业、大学生创业 |
| | 银行贷款 | 风险小，成本低；门槛较高，手续复杂，周期较长 | 成长型企业 |
| | 商业信用 | 成本低、风险小；门槛较高 | 信誉企业 |
| | 典当融资 | 方便快捷，适合临时资金短缺；成本高，资金有限 | 所有企业 |
| | 融资租赁 | 方式灵活，手续简单，需选择合适的租赁公司 | 初创企业、中小企业 |
| 股权融资 | 自有资金 | 成本低，获取容易；资金数量有限 | 初创企业、大学生创业 |

续表

| 类别 | 融资方式 | 特点 | 适合企业 |
|---|---|---|---|
| 股权融资 | 合伙资金 | 资源共享，风险共担；成员间的意见分歧易影响效率 | 初创企业、大学生创业 |
| | 天使投资 | 程序简单，资金到位快；依赖投资人偏好和主观判断 | 科技型企业、大学生创业 |
| | 风险投资 | 资金充裕，团队专业；涉及股权变动 | 科技型企业、成长型企业 |
| | 私募股权投资 | 融资约束较少，成本较低，保密性强；涉及股权变动 | 成熟拟上市企业 |
| | 上市融资 | 公开募集，资金量大，树立企业形象，利于长期发展；经营业绩压力大 | 成熟企业 |

### 2. 创业各阶段的融资决策

企业资金需求具有阶段性，不同的创业阶段对融资方式的选择也不同。种子期的企业市场前景不明，很难从外部筹集资金，多数采用直接投资（自有资金和合伙资金）和亲友借款，少数能获得天使投资的青睐；初创期的企业技术不成熟，产品无市场，生产无规模，管理无经验，市场占有率和市场知名度较低，可尝试天使投资、政策性资金；成长期的企业有一定的市场、资产和管理经验，经营风险降低，发展潜力显现，此阶段融资渠道较为畅通，企业可选择银行贷款、商业信用等债权融资方式，但过高的负债会加大企业财务风险，不利于企业健康成长，一般情况企业债权融资和股权融资比例为 6∶4 较适宜；成熟期企业的产品成熟，经营稳定，收益平稳，市场风险小，多采用稳健的财务政策，保持债权融资和股权融资比例为 3∶7。企业不同阶段融资方式的选择如图 5-3 所示，其中白底为债权融资，灰底为股权融资。

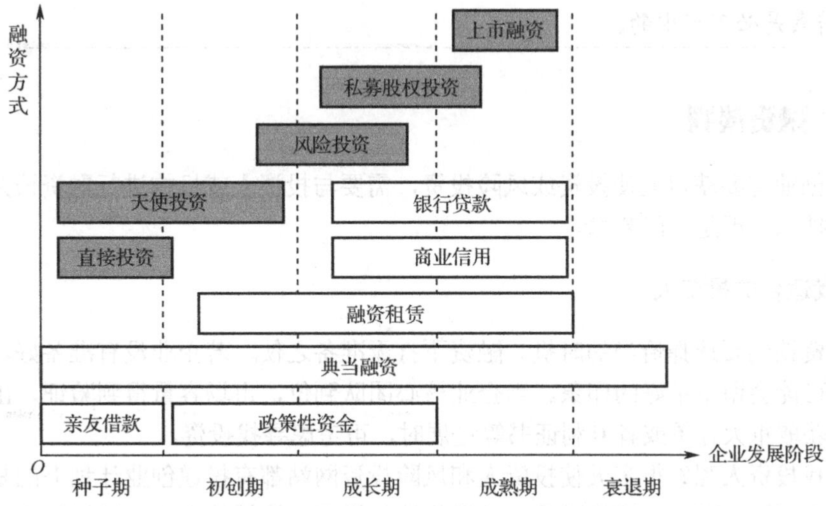


图 5-3 企业不同阶段融资方式的选择

## 故事分享 15 小黄车的融资故事

ofo（小黄车）是一个无桩共享单车出行平台。用户只需在微信公众号或 App 上通过扫描车上二维码或直接输入对应车牌号，即可获得解锁密码，骑行上路，随取随用，随用随停。ofo 由北京大学学生会主席戴威于 2014 年创立，经过 3 年发展，于 2017 年成为共享单车行业领跑者。ofo 的融资情况如表 5-10 所示。

表 5-10　ofo 的融资情况

| 时　间 | 融资阶段 | 融资机构 | 融资额 |
|---|---|---|---|
| 2014 | 天使投资 | 唯猎资本 | 100 万元 |
| 2015.10 | Pre-A 轮 | 唯猎资本、东方弘道 | 900 万元 |
| 2016.1 | A 轮 | 金沙江创投领投、东方弘道跟投 | 1 500 万元 |
| 2016.8 | A+轮 | 真格基金、天使投资人王刚联合注资 | 1 000 万元 |
| 2016.9 | B 轮 | 经纬中国领投、金沙江创投和唯猎资本跟投 | 数千万美元 |
| 2016.9 | C1 轮 | 滴滴出行领投 | 1.3 亿美元 |
| 2016.10 | C2 轮 | 美国对冲基金 Coatue、小米等领投 | |
| 2017.3 | D 轮 | DST 领投，滴滴出行、经纬中国、新华联集团等跟投 | 4.5 亿美元 |
| 2017.4 | D+轮 | 蚂蚁金服 | 战略投资 |
| 2017.7 | E 轮 | 阿里巴巴、弘毅投资和中信产业基金联合领投，滴滴出行和DST持续跟投 | 超 7 亿美元 |

ofo 辉煌的融资历程中伴随着浮沉变化。创业团队在 2014 年拿到天使投资后疯狂烧钱。很快钱就烧得差不多了，后续面见了多个投资人，但屡次碰壁。2015 年 4 月底，ofo 账面上只有 400 块钱，甚至不够给员工发工资。幸运的是，创业团队回头找到唯猎资本，挽救了 ofo。

**启示**：（1）钱是有的，关键是到哪里去找；（2）不同阶段的融资方式不同，天使投资多见于种子期，风险投资多见于初创期和成长期；（3）要想获得投资人的投资，好的创意和发展前景是必不可少的。

### 5.2.5　融资谈判

大学生创业想要获得天使投资或风险投资，需要与投资人或机构进行融资谈判。融资谈判，是一门技术，更是一门艺术。

#### 1. 寻找适合的投资人

首先融资谈判要选择恰当的时机。融资不打无准备之仗，若企业没有准备好，贸然和投资人接触，可能会留下不好的印象。当企业核心团队到位，市场容量得到验证，出现利好政策，或企业获取重大订单或者专利证书等进展时，可考虑寻找投资。

如何寻找投资人呢？很多天使投资人和风险投资网站都有投递创业计划书的邮箱，但绝大部分邮件会石沉大海。邮箱投递是一种糟糕的与投资人接触的方式，较好的方法是通过公司律师、猎头公司、目标投资人投资过的公司及其他创业者和投资人搭上线。当然，最好的方式还是朋友推荐，特别是被投资企业的朋友推荐。

融资谈判是双向选择的过程，投资人选择创业者，创业者也选择投资人。创业者可以通过多种渠道全面了解投资人或者投资机构，包括投资人背景、已投资项目、投资领域、投资额大小等等，做到“知己知彼，百战百胜”。

### 2. 写好一份创业计划书

与投资人见面，需准备三种形式的创业计划书：创业计划书摘要、PPT 演示文稿和完整的创业计划书。创业计划书摘要需简明扼要，1～2 页左右，一般在面谈前提交，供投资人快速浏览，初步了解创业项目情况。PPT 演示文稿用于现场面谈，控制在 20 页内，且每页 PPT 要清晰地表达核心观点，如项目优势、项目前景、创业团队等，时间控制在 30 分钟以内，并预留问答交流的时间。与投资人初步沟通交流后，若投资人表示出浓厚的兴趣，就需要提供更加详细完整的创业计划书。

### 3. 现场演示模拟

融资谈判前，一定要做好团队准备和语言准备，并进行现场演示模拟。与投资人第一次见面时最好是创始人带团队核心成员（技术、市场、财务）共同出席，一来表示重视程度，二来展示团队实力。团队出行要提前确定参加人员，并进行分工。演讲者要熟悉创业计划书的内容，同时用精练简洁的语言完成 PPT 演示，其中要注意投资人的反馈，适当做好专有名词的解释和说明。务必提前进行模拟演练，确保陈述内容和创业计划书内容一致。融资演示过程中要避免团队内部意见分歧。创始人要尊重项目成员，不随意打断或插话，展现和谐平等的企业文化。

### 4. 谈判技巧

1）展现自我

投资圈有一句话，投资只有三个标准：第一是人，第二是人，第三还是人。投资，就是投人，投团队，人才就是企业的核心。投资人选择投资团队的常用标准有：第一，对事情本身的兴趣和痴迷大于对金钱的；第二，要有基本的道德标准；第三，要有足够的团队凝聚力，团队凝聚力决定是否能齐心协力地做好事。最佳团队组合是一人懂产品，一人懂技术，一人懂市场。谈判过程中应尽情释放个人魅力，征服投资人。

2）探讨会谈

融资演示过程中不要怕被投资人的提问打断。如果投资人在整个演示过程都没有任何问题，只是微笑、点头，可能他们对你的产品或公司根本不感兴趣。会面不仅仅是演示 PPT，还要适当地提出问题，或者停下来寻求反馈。对投资人关心的问题稍微深入讨论，对投资人的质疑，也不要感觉被冒犯，把质疑当做是探讨交流学习的机会。

3）坦诚相待

有一个有趣的比喻，把创业和投资的关系比作婚姻关系，两个人在一起，最重要的是诚实。双方在约会期间，将彼此的优缺点和生活习惯说清楚，不指望谁会为谁改变，更多的是相互适应。投资也是一样，创业者真实地表达自己，总有适合的投资人会选择。有些创业者担心向投资方透露过多细节，会泄露商业机密，但这完全没有必要。对投资人来说，谈判是主业；对创业者来说，谈判是副业。不要自作聪明，遮遮掩掩，这样反而会让投资人认为你不真诚，应多提问，多请教。

4）保守底线

股权融资是有规则的。一是必然要放弃一部分股权，具体股权比例要参考融资谈判结果。公司规模扩大，股权比例才有意义。二是重大事项不是一个人说了算，要受投资人的约束。

三是财务规范化和透明化。要注意融资谈判不能一味退让，要保留自己的底线。当企业规模较小、企业价值尚未被发觉、投资有较强的投机性时，创业者要尽量保留控股权。若企业掌握核心技术，投资方属于战略投资者，则可考虑适当放弃控股权。

### 故事分享 16　从“落魄公主”到“气味皇后”的创业史

娄楠石，被女作家洪晃称为中国“嗅觉启蒙人”。她自称是天生的创业者，年仅 31 岁已创办了 5 家企业，卖过古董表，开过服装店，做过传媒公司，现在是气味图书馆的创始人。在 2009 年用 8 万元起家创办气味图书馆，用 8 年时间建立了市值 3 亿元的气味王国，并勇夺 2015 年天猫香水品类中国品牌销量第一名。2016 年 7 月，娄楠石登上创投真人秀节目《合伙中国人》，为新项目“嗅景”寻找投资。“嗅景”能为企业和品牌提供嗅觉化识别系统和整体嗅觉化解决方案。在现场，娄楠石为 58 同城设计了一款信任的味道，特别添加了水果香和安息香。果香使人亲近，安息香使人平静，以此打造 58 同城深层次的品牌价值，58 同城投资人姚劲波当即表示达成合作。尽管“嗅景”没有被选择，但娄楠石本人和气味图书馆的创意却征服了所有人。贝塔斯曼亚洲投资基金合伙人龙宇从顾客体验角度大加赞赏气味图书馆；真格基金投资人徐小平被感动地潸然泪下，表示气味图书馆需要融资时他一定会投资。

启示：（1）创业者要有坚忍不拔的创业精神；（2）融资谈判中讲故事很重要，项目创意和商业模式更重要。

扫一扫下载阅看案例：刘强东谈创业

## 技能训练 5

**实训目的**：掌握创业企业融资预测的方法，能预估启动资金需要量和成本利润；了解创业融资的渠道和方式；掌握融资决策的方法；培养创业财务意识。

**实训项目**：请每一个创业团队对选择的创业项目进行资金预测。

**实训要求**：每个创业团队上交一份启动资金预算，并为企业选择合适的融资渠道。

# 学习情境6

## 经营——开办与管理

**创业导师语录** 首先要清楚你要办的是什么样的企业，是个体工商户、个人独资企业、合伙企业？还是有限责任公司？在此基础上，根据工商局对不同企业组织形式的要求进行办理，才可避免在创业过程中走不必要的弯路。

**情境导入** 曲歌在组建创业团队后，组织团队成员一起商讨注册新企业的事宜。他们需要了解企业的组织形式，以及不同企业组织形式的注册要求，毕竟这些条件影响到他们能否成功注册。他们还需了解与企业相关的法律法规，如企业的权利、义务、社会责任、企业注册流程及开办企业需注意的相关事项等。

曲歌在这个阶段要做的主要工作是：

（1）了解企业的组织形式；

（2）了解企业相关的法律事务；

（3）了解企业的注册流程；

（4）了解新创企业的管理方法。

理论
阵营

# 任务 6.1　企业的组织形式与注册

## 6.1.1　企业的组织形式

根据市场经济的要求，现代企业的组织形式按照财产的组织形式和所承担的法律责任划分，国际上通常分为独资企业、合伙企业和公司企业三种。国内典型的企业组织形式通常分为个体工商户、个人独资企业、合伙企业、公司制企业四种。其中公司制企业分为有限责任公司和股份有限公司两种。

### 1. 个体工商户

个体工商户，是指有经营能力并依照《个体工商户条例》的规定经工商行政管理部门登记，从事工商业经营的公民。它是以个人或家庭的生产经营资料进行经营活动，成员为劳动者本人或其家庭成员的个体经济形式。《个体工商户条例》第二条第一款规定："有经营能力的公民，依照本条例规定经工商行政管理部门登记，从事工商业经营的，为个体工商户。"

个体工商户的经营范围很广，《城乡个体工商户管理暂行条例》第三条规定："个体工商户可以在国家法律和政策允许的范围内，经营工业、手工业、建筑业、交通运输业、商业、饮食业、服务业、修理业及其他行业。"

在注册时，个体工商户不是公司法人，不需要注册资金，个人承担无限责任。部分地区对个体户按定额税方式征税。定额税是实行定期定额征税的一种方式，通常税务部门会按企业经营面积、地段、设备等因素核定一个营业额，每月固定缴税。企业经营不足定额的也要按定额缴税（可以申请重新核定），开具发票金额超过起征点或定额的，还需补缴这部分税款。

个体工商户的法律特征是：

（1）个体工商户的经营资本直接来自其个人财产或者家庭共有财产，其经营者与所有者不分，并且对外以个人财产或者家庭财产承担无限责任。

（2）个体工商户依法从事制造、销售、运输、饮食、修理等工商业活动。个体工商户应当在政府的工商行政管理机关核准的范围内从事生产经营活动，不得超范围经营。

（3）个体工商户可以是一个自然人，也可以是一个家庭。个体工商户以户的名义对外从事经营活动，享受民事权利并承担民事义务。

（4）个体工商户必须依法登记注册，若未经工商行政管理机关登记注册，不得以个体工商户的名义从事工商业活动。

（5）个体工商户的雇工为 7 人以下（包括 7 人）。如果公民以个人或者家庭财产出资，其雇工为 8 人以上，从事经营活动，不应当登记为个体工商户，应当登记为其他类型的企业。

### 2. 个人独资企业

个人独资企业是指依照《个人独资企业法》在中国境内设立，由一个自然人投资，财产为投资人个人所有，投资人以其个人财产对企业债务承担无限责任的经营实体。即个人出资经营、归个人所有和控制、由个人承担经营风险和享有全部经营收益的自然人企业。个人独资企业是最古老、最简单的一种企业组织形式，主要盛行于零售业、手工业、农业、林业、渔业、服务业和家庭作坊等。

个人独资企业在注册时必须提供企业名称、企业住所、投资人姓名和居所、出资额和方式、经营范围。投资人需要向登记机关提供投资人签署的个人独资企业设立申请书、投资人身份证明、企业住所证明以及工商行政管理总局规定提交的其他文件。登记机关应当在收到全部文件之日起15日内，做出核准登记或者不予登记的决定。

个人独资企业的法律特征是：

（1）个人独资企业由一个自然人投资；

（2）个人独资企业的投资人对企业的债务承担无限责任；

（3）个人独资企业的内部机构设置简单，经营管理方式灵活；

（4）个人独资企业是非法人企业。

### 3. 合伙企业

合伙企业是指自然人、法人和其他组织依照《合伙企业法》在中国境内设立的，由两个或两个以上的自然人通过订立合伙协议，共同出资，共同经营，共享收益，共担风险，并对企业债务承担无限连带责任的营利性组织。

合伙企业一般无法人资格，不缴纳企业所得税，而是缴纳个人所得税。合伙企业的类型有普通合伙企业和有限合伙企业。其中普通合伙企业又包含特殊的普通合伙企业。

国有独资公司、国有企业、上市公司以及公益性事业单位、社会团体不得成为普通合伙人。

合伙企业可以由部分合伙人经营，其他合伙人仅出资并共负盈亏，也可以由所有合伙人共同经营。

合伙企业的特征是：生命有限、责任无限、相互代理、财产共有、利益共享。

合伙企业申请注册要满足有两个或两个以上依法承担无限责任的合伙人，有书面合伙协议，有各合伙人实际缴付的出资，有合伙企业的名称，有经营场所和从事合伙经营的必要条件，合伙人之间需签订合作协议，并报工商局备案。

### 4. 有限责任公司

有限责任公司，简称有限公司，是指在中国境内根据《公司登记管理条例》规定登记注册，由50个以下的股东出资设立，每个股东以其所认缴的出资额对公司承担有限责任，公司法人以其全部资产对公司债务承担全部责任的经济组织。

有限公司的特征是：

（1）股东都对公司承担有限责任。

（2）股东的财产与公司的财产是分离的。

（3）以公司的全部资产承担责任。

有限公司注册时要满足股东符合法定人数、股东共同制定公司章程、建立符合有限责任公司要求的组织机构、有固定的生产经营场所和必要的生产经营条件等要求。

在我国，一人有限责任公司是有限责任公司的一种特殊形式，也称“一人公司”“独资公司”或“独股公司”，是指由一名股东（自然人或法人）持有公司的全部出资的有限责任公司。《公司法》规定“一个自然人只能投资设立一个一人有限责任公司。该一人有限责任公司不能投资设立新的一人有限责任公司。一人有限责任公司不设股东会；一人有限责任公司应当在每一会计年度终了时编制财务会计报告，并经会计师事务所审计。一人有限责任公司的股东不能证明公司财产独立于股东自己的财产的，应当对公司债务承担连带责任”。

### 5. 股份有限公司

股份有限公司是指公司资本为股份所组成的公司，股东以其认购的股份为限对公司承担责任的企业法人。设立股份有限公司，应当有 2 人以上 200 人以下作为发起人，注册资本的最低限额为 500 万元。由于所有股份公司均须是负担有限责任的有限公司，所以一般合称“股份有限公司”。

股份有限公司的特征是：

（1）股份有限公司是独立的经济法人；

（2）股份有限公司的股东人数不得少于法律规定的人数；

（3）股份有限公司的股东以其所认购的股份对公司承担有限责任，公司以其全部资产对公司债务承担责任；

（4）股份有限公司的全部资本划分为等额的股份，通过向社会公开发行的办法筹集资金，任何人在缴纳了股款之后，都可以成为公司股东，没有资格限制；

（5）公司股份可以自由转让，但不能退股；

（6）公司账目须向社会公开，以便于投资人了解公司情况，进行选择；

（7）公司的设立和解散有严格的法律程序，手续复杂。

## 6.1.2 企业的法律事务

企业从成立到解散或破产的整个过程中会涉及很多法律问题。因此要创业，必须清楚地了解整个创业活动过程中涉及的相关法律问题，各方面都必须符合法律的规定。按照公司从成立、经营到解散或破产的顺序，与中小企业密切相关的主要法律、法规有以下一些。

### 1. 公司成立之初的有关法律法规

1）《公司法》

《公司法》是规范公司行为最基本的法律。公司的设立、股东资格、公司章程、股东责任、股东权利、公司高管、公司解散、公司清算等事项，都应当按照相关规定来进行。《公司法》是中小企业贯穿始终的一部法律。

2）《公司登记管理条例》

《公司登记管理条例》是公司设立、年检、注销时必须遵循的法规。

### 2. 公司成立运营期间的有关法律法规

1）《合同法》

公司成立的目的是为了赢利，而赢利就离不开交易。《合同法》是规范市场交易的法律，是民事主体进行经济活动所遵循的主要法律。合同涵盖的内容广泛，不仅商品交易时需要订立合同，涉及公司的股权交易、知识产权交易、物权变动等事项时也需有合同保障，这些均受《合同法》的调整。

2）《物权法》《土地管理法》《房地产管理法》

《物权法》规定，公司经营所得，涉及的土地、房产等不动产以及交易有些动产，是需要登记才能取得物权的，这部分物权的取得会受《物权法》的调整。同时，《土地管理法》《房地产管理法》也是涉及土地、房产物权方面应当遵循的法律。另外，物权具有担保功能，在涉及物权担保时须遵守《物权法》的相关规定。

3）劳动类法律

公司经营离不开人，而公司作为用人单位必须遵守《劳动法》《劳动合同法》以及相关配套法规的规定，为劳动者缴纳各种社会保险等。

4）《会计法》

公司运转过程中，各种经济指标都要用数字来体现，而体现的数字受到《会计法》的规定约束，不能违背该法及配套法规的相关规定。

5）金融类法律法规

在公司成立后的运营期间，要支付结算、贷款融资，这个时候会涉及如《贷款通则》《票据法》《证券法》等金融类法律法规。公司为了分散风险会选择保险，则会涉及《保险法》的相关规定。

6）《担保法》

公司开展经营的时候，不仅涉及为人担保，也可能涉及找人担保，这时会受到《担保法》的相关约束。

7）税收类的法律

公司作为最重要的纳税义务人，在缴纳税款的时候要遵循《增值税暂行条例》《企业所得税法》《个人所得税法》《税收征收管理法》等法律的规范和约束。

8）知识产权类的法律

公司的商誉要得到保护。给自己的产品或服务注册商标，存在的商业秘密和专利技术，都会受到《著作权法》《商标法》《专利法》《反不正当竞争法》的相关约束。

9）《婚姻法》《继承法》

公司在运转的过程中，股东因为婚姻、继承等事项导致股东或股份的变动，则会受到《婚姻法》《继承法》的相关约束。

10）《民事诉讼法》《行政诉讼法》《仲裁法》

在创业的过程中难免会发生各种纠纷，因此创业者有必要学习并了解《民事诉讼法》《行政诉讼法》《仲裁法》中规定的具体诉讼程序。例如，创业者在面对金额较大、商品较多的经济往来中要多采用合同文本的形式，同时要提高法律意识。

### 3. 公司终止时的有关法律法规

公司的终止，就是公司作为法人人格的消灭，无论是股东自行决定解散还是申请法院解散，都要成立清算组，这时会受到《公司法》的调整；而到了资不抵债，申请破产的时候，就要受《破产法》的调整了。

公司是拟制的“人”，从“生”到“长”一直到“灭亡”，要受到一系列法律行为的约束，因此，创业过程中要遵守法律规定。以上是以公司为主要存在形式的与中小企业密切相关的法律法规。当然，这仅是部分法律法规，并未全部介绍。

我们可以看到，国家为了保障公司的正常运转，设计了一系列的法律规范。可以形象地说，公司就是在“法网”里运转的经济体。

### 6.1.3 企业的设立条件与注册登记

企业登记注册主要是进行工商登记、办理组织机构代码以及税务登记。从2015年10月1日起，营业执照、组织机构代码证和税务登记证三证合一。所谓“三证合一”，就是将以前企业依次申请的工商营业执照、组织机构代码证和税务登记证三证合为一证，提高市场准入效率。所谓“一照一码”就是通过“一口受理、并联审批、信息共享、结果互认”，将由三个部门（工商部门、质检部门、税务部门）分别核发不同证照的形式，改为通过“一窗受理、互联互通、信息共享”，由工商部门直接核发加载法人和其他组织统一社会信用代码的营业执照，并将办理时限由8天缩短至3天以内。

企业注册时还有一项非常重要的工作，就是企业命名和企业选址。索尼公司创始人盛田昭夫说：“取一个响亮的名字，便能引起顾客美好的联想，提高产品的知名度与竞争力。”肯德基的选址理念是：努力争取在成熟的商圈和客流量最大的地方开店，即使其租金很贵！

#### 1. 企业注册登记准备

创业者在创业前期需要做充分的准备工作：确定项目、确定场地、筹集资金、申请注册登记等。按照我国法律规定，创业者到相关行政部门进行工商注册登记和税务登记，在拿到营业执照并拥有发票后就可以正式营业了。为保证申办工作顺利进行，创业者需要了解企业在申办时所需的手续，办理相关手续所需要的时间、缴纳的费用等。创业者只要认真按照程序办理，一般都会顺利地完成各项手续。

#### 2. 企业的设立条件与注册登记文件

根据国家相关法律规定，随着企业类型的不同，设立条件也不同，在具体办理过程中需要不同的材料，不同企业的设立条件及要求如表6-1所示。

表6-1 不同企业的设立条件及要求

| 比较因素 | 个体工商户 | 个人独资企业 | 合伙企业 | 有限责任公司 | | |
|---|---|---|---|---|---|---|
| | | | | 一人独资有限责任公司 | 一般有限责任公司 | 股份有限公司 |
| 法律依据 | 《个体工商户条例》 | 《个人独资企业法》 | 《合伙企业法》 | 《公司法》 | 《公司法》 | 《公司法》 |
| 创建者人数 | 1个以上自然人 | 1个自然人 | 2个以上自然人或法人 | 1个自然人或法人 | 2～50个自然人或法人 | 2～200个发起人 |
| 最低注册资本 | 无需注册资金 | 无需验资 | 由各合伙人实际缴付的出资，无最低要求 | 10万元 | 3万元 | 500万元 |

续表

| 比较因素 | 个体工商户 | 个人独资企业 | 合 伙 企 业 | 有限责任公司 | | |
|---|---|---|---|---|---|---|
| | | | | 一人独资有限责任公司 | 一般有限责任公司 | 股份有限公司 |
| 筹资方式 | 个人自行筹集 | 个人自行筹集 | 合伙人自行筹集 | 个人自行筹集实缴 | 发起人自行筹集，可分期缴齐 | 发起人至少认购公司股份总数的35%，其余可公开募集 |
| 出资方式 | 不限 | 不限 | 合伙人一致认可的出资方式，可以劳务方式出资 | 货币、实物、产权等 | 货币、实物、产权等 | 货币、实物、产权等 |
| 验资要求 | 无需验资 | 投资者决定 | 可协商确定或委托评估机构验资 | 委托评估机构验资 | 委托评估机构验资 | 委托评估机构验资 |
| 企业财产性质 | 个人所有 | 个人所有 | 合伙人共有 | 法人独立的财产 | 法人独立的财产 | 法人独立的财产 |
| 企业责任 | 无限责任 | 无限责任 | 无限连带责任 | 以全部资产为限的有限责任 | 以全部资产为限的有限责任 | 以全部资产为限的有限责任 |
| 创办者责任 | 无限责任 | 无限责任 | 无限连带责任 | 以出资额为限的有限责任 | 以出资额为限的有限责任 | 以股份为限的有限责任 |
| 盈亏分担 | 投资者个人承担 | 投资者个人承担 | 按约定分担，未约定则平分 | 投资者个人承担 | 按出资额比例分担 | 按股份比例分担 |
| 权力机构 | 投资者或委托人 | 投资者或委托人 | 合伙人权利同等，可约定或委托第三人 | 执行董事 | 董事会或执行董事 | 董事会 |
| 所得税 | 营业税 | 个人所得税 | 个人所得税 | 企业所得税 | 企业所得税 | 企业所得税 |
| 企业信用 | 视个人资信 | 视个人资信 | 看任何一名合伙人资信 | 看注册资本数额 | 看注册资本数额 | 看注册资本数额 |
| 永续性 | 受投资者影响 | 受投资者影响 | 受合伙人死亡、退伙等影响 | 永续经营 | 永续经营 | 永续经营 |
| 注销后的义务 | 无 | 创办者五年内有责任 | 创办者五年内有责任 | 无 | 无 | 无 |

企业注册登记需要提交的文件如下。

1）个体工商户

（1）个体工商户开业登记申请书；

（2）申请人身份证明；

（3）经营场所证明；

（4）规定的其他文件。

2）个人独资企业

（1）投资人登记申请书；

（2）投资人身份证明；

（3）经营场所证明；

（4）企业名称核准通知书；

（5）规定的其他文件。

3）合伙企业

（1）合伙人登记申请书；

（2）合伙人身份证明；

（3）合伙人委托书；

（4）经营场所证明；

（5）规定的其他文件。

4）有限责任公司

（1）登记申请书；

（2）公司章程；

（3）验资证明；

（4）规定的其他文件。

### 3. 前置审批

前置审批是在办理营业执照前需要先进行审批的项目，也就是在查完公司名称后就要去有关部门审批，审批完成后再办理工商营业执照。国家规定的前置审批一览表（节选）如表6-2所示，工商登记前置审批事项目录如表6-3所示。

**表6-2 国家规定的前置审批一览表（节选）**

| 序号 | 事　项 | 审批机关 | 许可内容 |
|---|---|---|---|
| 1 | 食品、餐饮（生产或经营） | 卫生检疫部门、环保局等 | 环保局核发的餐饮服务许可证；占地100 $m^2$以上的须有排污许可证 |
| 2 | 烟草制品（批发零售） | 烟草专卖局 | 烟草专卖许可证 |
| 3 | 互联网上服务营业场所 | 文化行政部门 | 网络文化经营许可证 |
| 4 | 旅馆业 | 卫生部门、公安行政管理部门 | 卫生许可证、特种行业经营许可证 |
| 5 | 娱乐场所 | 文化、卫生、消防、环保 | 相关许可证 |
| 6 | 印刷业 | 新闻出版局、公安局 | 印刷经营许可证 |
| 7 | 旅行业 | 旅游局 | 旅行社业务经营许可证 |
| 8 | 打字、复印 | 新闻出版局 | 经营许可证 |
| 9 | 动物诊疗机构 | 农业行政部门 | 动物诊疗许可证 |

## 表6-3 工商登记前置审批事项目录（2016年6月版）

| 类别 | 序号 | 项目名称 | 实施机关 | 设定依据 |
|---|---|---|---|---|
| 法律明确的工商登记前置审批事项目录 | 1 | 证券公司设立审批 | 证监会 | 《证券法》 |
| | 2 | 烟草专卖生产企业许可证核发 | 国家烟草专卖局 | 《烟草专卖法》<br>《烟草专卖法实施条例》（国务院令第223号） |
| | 3 | 烟草专卖批发企业许可证核发 | 国家烟草专卖局或省级烟草专卖行政主管部门 | 《烟草专卖法》<br>《烟草专卖法实施条例》（国务院令第223号） |
| 国务院决定保留的工商登记 | 1 | 民用爆炸物品生产许可 | 工业和信息化部 | 《民用爆炸物品安全管理条例》（国务院令第466号） |
| | 2 | 爆破作业单位许可证核发 | 省级、设区的市级人民政府公安机关 | 《民用爆炸物品安全管理条例》（国务院令第466号） |
| | 3 | 民用枪支（弹药）制造、配售许可 | 公安部、省级人民政府公安机关 | 《枪支管理法》 |
| | 4 | 制造、销售弩或营业性射击场开设弩射项目审批 | 省级人民政府公安机关 | 《国务院对确需保留的行政审批项目设定行政许可的决定》（国务院令第412号）<br>《公安部国家工商行政管理局关于加强弩管理的通知》（公治〔1999〕1646号） |
| | 5 | 保安服务许可证核发 | 省级人民政府公安机关 | 《保安服务管理条例》（国务院令第564号） |
| | 6 | 外商投资企业设立及变更审批 | 商务部、国务院授权的部门或地方人民政府 | 《中外合资经营企业法》<br>《中外合作经营企业法》<br>《台湾同胞投资保护法》<br>《外资企业法》<br>《中外合资经营企业法实施条例》（国务院令第311号）<br>《外资企业法实施细则》（国务院令第301号）<br>《台湾同胞投资保护法实施细则》（国务院令第274号）<br>《国务院关于鼓励华侨和香港澳门同胞投资的规定》（国务院令第64号）<br>《中外合作经营企业法实施细则》（对外贸易经济合作部令1995年第6号） |
| | 7 | 设立典当行及分支机构审批 | 省级人民政府商务行政主管部门 | 《国务院对确需保留的行政审批项目设定行政许可的决定》（国务院令第412号）<br>《国务院关于第六批取消和调整行政审批项目的决定》（国发〔2012〕52号）<br>《典当管理办法》（商务部、公安部令2005年第8号） |
| | 8 | 设立经营个人征信业务的征信机构审批 | 中国人民银行 | 《征信业管理条例》（国务院令第631号） |
| | 9 | 卫星电视广播地面接收设施安装许可审批 | 新闻出版广电总局 | 《卫星电视广播地面接收设施管理规定》（国务院令第129号）<br>《关于进一步加强卫星电视广播地面接收设施管理的意见》（广发外字〔2002〕254号） |
| | 10 | 设立出版物进口经营单位审批 | 新闻出版广电总局 | 《出版管理条例》（国务院令第594号） |
| | 11 | 设立出版单位审批 | 新闻出版广电总局 | 《出版管理条例》（国务院令第594号） |

续表

| 类别 | 序号 | 项目名称 | 实施机关 | 设定依据 |
|---|---|---|---|---|
| 国务院决定保留的工商登记 | 12 | 境外出版机构在境内设立办事机构审批 | 新闻出版广电总局<br>国务院新闻办 | 《国务院对确需保留的行政审批项目设定行政许可的决定》（国务院令第412号）<br>《外国企业常驻代表机构登记管理条例》（国务院令第584号） |
| | 13 | 境外广播电影电视机构在华设立办事机构审批 | 新闻出版广电总局<br>国务院新闻办 | 《国务院对确需保留的行政审批项目设定行政许可的决定》（国务院令第412号）<br>《外国企业常驻代表机构登记管理条例》（国务院令第584号） |
| | 14 | 设立中外合资、合作印刷企业和外商独资包装装潢印刷企业审批 | 省级人民政府新闻出版广电行政主管部门 | 《印刷业管理条例》（国务院令第315号）<br>《国务院关于第三批取消和调整行政审批项目的决定》（国发〔2004〕16号） |
| | 15 | 设立从事出版物印刷经营活动的企业审批 | 省级人民政府新闻出版广电行政主管部门 | 《印刷业管理条例》（国务院令第315号） |
| 前置审批事项目录 | 16 | 危险化学品经营许可 | 县级、设区的市级人民政府安全生产监督管理部门 | 《危险化学品安全管理条例》（国务院令第591号） |
| | 17 | 新建、改建、扩建生产、储存危险化学品（包括使用长输管道输送危险化学品）建设项目安全条件审查；新建、改建、扩建储存、装卸危险化学品的港口建设项目安全条件审查 | 设区的市级以上人民政府安全生产监督管理部门；港口行政管理部门 | 《危险化学品安全管理条例》（国务院令第591号） |
| | 18 | 烟花爆竹生产企业安全生产许可 | 省级人民政府安全生产监督管理部门 | 《烟花爆竹安全管理条例》（国务院令第455号） |
| | 19 | 外资银行营业性机构及其分支机构设立审批 | 银监会 | 《银行业监督管理法》<br>《外资银行管理条例》（国务院令第478号） |
| | 20 | 外国银行代表处设立审批 | 银监会 | 《银行业监督管理法》<br>《外资银行管理条例》（国务院令第478号） |
| | 21 | 中资银行业金融机构及其分支机构设立审批 | 银监会 | 《银行业监督管理法》<br>《商业银行法》 |
| | 22 | 非银行金融机构（分支机构）设立审批 | 银监会 | 《银行业监督管理法》<br>《金融资产管理公司条例》（国务院令第297号） |
| | 23 | 融资性担保机构设立审批 | 省级人民政府确定的部门 | 《国务院对确需保留的行政审批项目设定行政许可的决定》（国务院令第412号）<br>《国务院关于修改〈国务院对确需保留的行政审批项目设定行政许可的决定〉的决定》（国务院令第548号）<br>《融资性担保公司管理暂行办法》（银监会令2010年第3号） |

续表

| 类　别 | 序　号 | 项 目 名 称 | 实 施 机 关 | 设 定 依 据 |
|---|---|---|---|---|
| 前置审批事项目录 | 24 | 外国证券类机构设立驻华代表机构核准 | 证监会 | 《国务院对确需保留的行政审批项目设定行政许可的决定》（国务院令第412号）<br>《国务院关于管理外国企业常驻代表机构的暂行规定》（国发〔1980〕272号） |
| | 25 | 设立期货专门结算机构审批 | 证监会 | 《期货交易管理条例》（国务院令第627号） |
| | 26 | 设立期货交易场所审批 | 国务院或证监会 | 《期货交易管理条例》（国务院令第627号） |
| | 27 | 证券交易所设立审核、证券登记结算机构设立审批 | 国务院 | 《证券法》 |
| | 28 | 专属自保组织和相互保险组织设立审批 | 保监会 | 《国务院对确需保留的行政审批项目设定行政许可的决定》（国务院令第412号） |
| | 29 | 保险公司及其分支机构设立审批 | 保监会 | 《保险法》 |
| | 30 | 外国保险机构驻华代表机构设立审批 | 保监会 | 《保险法》<br>《国务院对确需保留的行政审批项目设定行政许可的决定》（国务院令第412号）<br>《国务院关于管理外国企业常驻代表机构的暂行规定》（国发〔1980〕272号） |
| | 31 | 外航驻华常设机构设立审批 | 中国民航局 | 《外国企业常驻代表机构登记管理条例》（国务院令第584号）<br>《国务院关于管理外国企业常驻代表机构的暂行规定》（国发〔1980〕272号） |
| | 32 | 通用航空企业经营许可 | 中国民航各地区管理局 | 《民用航空法》<br>《国务院关于第六批决定取消和调整行政审批项目的决定》（国发〔2012〕52号） |
| | 33 | 民用航空器（发动机、螺旋桨）生产许可 | 中国民航局 | 《民用航空法》 |
| | 34 | 快递业务经营许可 | 国家邮政局或省级邮政管理机构 | 《邮政法》 |

### 4. 注册登记程序

不同企业办理工商登记的手续需要提交的资料有所不同，下面主要对个体工商户、有限责任公司注册的基本流程、需提交的相关材料进行重点说明。

1）个体工商户

（1）名称需预先登记，步骤如下：

① 从工商局官方网站下载或去工商登记机关处领取《名称（变更）预先核准申请书》；

② 填写信息（按照公司命名要求一次可以最多起9个名称备查）；

③ 提交信息；

④ 待审批完成后，领取《名称预先核准通知书》。

（2）前置审批：按照国家规定的前置审批项目规定，参照表 6-2 和表 6-3 所示内容至相关部门办理许可证。

（3）提交《个体工商户开业登记申请书》：从工商局官方网站下载或去工商登记机关处领取《个体工商户开业登记申请书》，按照格式要求填写并提交，个人经营的由经营者亲笔签名，家庭经营的由主持经营者亲笔签名。

（4）提交经营者资格证明：提交经营者身份证复印件，如家庭经营的应提交能证明亲属关系的文件。

（5）经营场所使用证明：提交产权人签字或盖章的房产证复印件，产权人为自然人的应亲笔签名，产权人为单位的应加盖公章。房产用途应与实际经营用途一致。

（6）提交《指定（委托）书》：《指定（委托）书》可从工商局官方网站下载或去工商登记机关处领取，是制式格式申请文件，须按照格式要求填写并提交。个人经营的由经营者亲笔签名，家庭经营的由全体经营者亲笔签名。

（7）提交《补充信息登记表》：《补充信息登记表》可从工商局官方网站下载或去工商登记机关处领取，是制式格式申请文件，按照格式要求填写并提交。

另外，需提交的材料须使用 A4 纸打印。提交上述材料后，5 个工作日后可领取营业执照。如不成功，按照告知建议修改材料，准备再次办理。

2）有限责任公司

（1）名称需预先登记，步骤如下：

① 持股东（投资人）资格证明领取《名称（变更）预先核准申请书》《投资人授权委托意见》；

② 填写信息（按照公司命名要求一次可以最多起 9 个名称备查）；

③ 提交信息；

④ 待审核完成后，领取《企业名称预先核准通知书》。

（2）企业设立登记：出示《企业名称预先核准通知书》，领取《企业设立登记申请书》等有关表格。

（3）前置审批：按照国家前置审批项目规定，参照表 6-2 和表 6-3 至相关部门办理许可证。

（4）提交公司章程：章程由全体股东共同签名后提交，其中自然人股东亲笔签名，法人股东加盖公章。

（5）提交股东资格证明：自然人股东提交身份证明，企业法人股东提交加盖公章的营业执照复印件。

（6）提交《指定（委托书）》：《指定（委托书）》可从工商局官方网站下载或去工商登记机关处领取并提交，是制式格式申请文件，须按格式要求填写并由全体股东共同签名。

（7）住所使用证明：提交产权人签名或盖章的房产证复印件，产权人为自然人的应亲笔签名，产权人为单位的应加盖公章，房产用途应与实际经营用途一致。

（8）《补充信息登记表》：《补充信息登记表》可从工商局官方网站下载或去工商登记机关处领取，是制式格式申请文件，须按照格式要求填写。

另外，需提交的材料均要使用 A4 纸打印。

（9）工商注册的审批步骤如下：

① 填写并提交《企业设立登记申请书》等材料；

② 领取《准予设立（变更、注销、撤销）登记（备案）通知书》；

③ 5个工作日后持《准予设立（变更、注销、撤销）登记（备案）通知书》领取营业执照正副本。

（10）企业印章备案及刻制的步骤如下：

① 携带营业执照副本到公安分局窗口备案；

② 公安分局在营业执照副本上印核准章；

③ 在指定的刻字社刻制公章、财务章、合同章、人名章等印鉴。

（11）开设银行账户：需提供的材料以各入资银行的具体要求为准。

**故事分享17　商标注册对于创业公司的重要性**

张先生本来是一家小公司的老板，为了让公司经营业绩能够在众多同行中脱颖而出，他付出了很多金钱和努力，更花费了巨量的时间。但就在公司逐渐形成规模，有了一定影响力的时候，一张商标侵权律师函传到了张先生的手中。其中说明张先生所使用的品牌为其公司所有商标，张先生未经授权就使用，已然造成侵权。

而对方给予张先生的方案有三种，第一种是：张先生缴纳商标使用费用，可以继续使用商标。第二种是：张先生可以选择购买此商标，作为自己的商标使用。第三种是：停止使用此商标，并赔偿。

看到这些，张先生非常不解，因为这个品牌是自己一步步创立的，也是自己一步步地努力才让其从无到有的，可是怎么会变成这样呢？为何会在半路被人摘了桃子呢？

**启示：**张先生由于欠缺商标保护意识，在创立品牌时期没有选择注册商标才会出现此类状况，而由此也不难看出商标注册对于创业公司的重要性。所以广大创业企业一定要重视自己的品牌保护。

扫一扫下载阅看案例：
虚报注册资本的行为
要承担什么责任

# 任务6.2　新创企业的人力资源管理

新创企业考虑的大多是技术方面的问题，企业成立后则更多会考虑人才招募、营销策略制定、管理控制，以及如何应对来自竞争和市场变化等方面的问题。任何一个环节出现差错，对于脆弱的创业企业而言都是致命的。因此，对新创企业的管理既要突出重点，又要统筹兼顾。

与成熟的大企业相比，新创企业拥有其自身的特点：

（1）以业务为导向。对于新创企业而言，生存问题是最重要的问题。生存下去才是硬道理，所以企业往往更注重销售、生产等关键环节。

（2）在新创企业中创业者是领导核心。对新创企业而言，创业者的理念通常就是企业的理念，创业者的创业动机决定了企业发展的方向和目标，创业者的素质和能力决定了企业的实力，创业者的管理风格决定了企业管理者的管理风格和员工的行为风格。

（3）由于大多数新创企业建立之初的规模不大，组织结构相对简单，各种制度不够健全，管理流程不够规范，一切都在快速变化之中，所以无法与大企业相比。但较强的灵活性、应变能力以及较快的反应速度也是新创企业的优势。

（4）新创企业的工作氛围呈现较多的情感因素。由于新创企业各方面的条件比较简单，创业者及其团队往往带有浓厚的血缘、乡缘、学缘等关系和色彩，因此情感因素较多，理性因素较少。

由于新创企业自身存在许多不足，因此在管理方面应该以管理制度简单实用为原则，需重点把握以下几点：

（1）明确企业发展的目标。对于创业者而言，要明确企业的发展目标，将目标清晰化，以此给员工描绘共同的愿景，从而减少管理上的摩擦。

（2）构建组织架构。明确谁是管理者，谁是执行者，什么事情谁说了算，并通过书面的形式确定下来。组织架构中最根本的问题就是决策权的分配，因此，明确每一位核心成员的职责对管理是否畅通非常关键，否则创业者的兄弟义气会让管理陷于混乱。

（3）制定管理制度。新创企业员工的特殊关系在一定程度上影响着企业内人员之间正常的工作关系，因此应制定管理制度，要求人人遵守，没有特权，也不能朝令夕改。当公司发展到一定的程度并具备一定的实力时，尽可能聘请一些管理方面的专业人才来共图大业。

### 6.2.1 企业的组织结构及岗位设置

#### 1. 企业的部门设置

（1）根据经营职能设置部门。例如生产、研发、市场推广、销售、客服、售后服务、供应采购、人力资源、行政、财务等职能，都可以设立成独立的职能部门。新企业员工人数不多，可以根据需要，优先设立最需要的部门，而不是一下全部建立起来。

（2）综合设置部门。很多新创企业都会出现一个人身兼数职，或者一个部门兼具几个职能部门的情况。例如生产和研发、推广和销售、人力和行政等，这种情况可以设立成综合部门。

（3）根据核心产品和主管业务设置部门。根据企业提供的产品和服务具体分类，根据需求设立部门，也是新创企业有效的部门设置方法。

#### 2. 企业组织结构的设置

企业组织结构是企业中各个组成部门相互作用的联系方式，以求合理高效地组织成员协同合作。组织结构是企业资源和权力分配的载体，在人的能动行为下，通过信息传递，承载着企业的业务流动，以此推动或组织企业完成使命。

由于组织结构在企业中的基础地位和关键作用，新创企业必须首先考虑企业的组织结构设计。但新创企业不同于大企业，一定注意不要一开始就雄心勃勃地向大企业看齐，划定一堆大而全的部门，而应根据企业的需求，尽量使企业的组织结构扁平化，而不是层级化。

组织结构设计是建立在企业战略规划基础上的一项工作，与岗位设置、人力资源规划、人员编制等工作密切相关。

企业组织结构形态取决于管理层次和管理幅度。管理层次是指组织内部纵向管理中所设置的管理职位的级数；管理幅度是指管理层次中，主管能够直接有效地指挥和监督下属的数量。管理层次与管理幅度的反比关系决定了两种基本的管理组织结构形态：扁平结构形态和锥型结构形态。

（1）扁平结构形态，指组织规模已定，管理幅度较大而管理层次较少的一种组织结构形态。由于管理层次少，有利于缩短上下级之间的距离，加快信息传递速度，使下属拥有较多的自主性。同时，因为管理人员减少，有效地降低了企业的成本开支。但是由于上级管理的下属人数较多，控制较松，容易失控。另外，同级之间的沟通比较困难，影响信息的及时利用。

（2）锥型结构形态。在此结构形态中，上级能给予下级更多的指导，上下级之间沟通方便。但是上级对下级的控制过于严密，会遏制下属的积极性。并且过多的管理层次不但会使管理成本上升，还会延长组织中的等级链，使信息沟通的环节增多，从而加大了信息失真的可能性。

随着环境的变化，组织也日益复杂化，组织结构设计的原则不是一成不变的。新创企业应当根据自身面对组织环境的确定性与不确定性的综合情况来考虑不同的设计，即应当采用如下的系统、灵活的原则来设计组织结构：

（1）管理幅度和层次适度原则。一个管理人员有效管理下属人员的数量是有限的，应根据影响管理幅度的各种权变因素，选择和确定合适的管理幅度。

（2）权责对等原则。应保持管理人员权责对等，有权无责容易盲目指挥，不计后果；有责无权则会严重挫伤员工的积极性。

（3）集权和分权相结合的原则。集权是指企业组织生产经营的管理权较多地集中在组织最高层管理者手中；分权则是一种组织的权力分散状态，是组织中最高管理者逐步通过系统的授权而形成的。

（4）合理划分部门原则。部门化是将不同的工作以及相应的人员组编成可以管理的岗位。创建可管理岗位的过程，通常是组织结构设计的第一步。决定部门化最普遍的因素是职能、产品、顾客、地区，这些也是划分部门的一般因素。

（5）统一指挥原则。统一指挥原则是企业组织管理的一个基本原则，是建立在明确的权力系统之上的。保证政令畅通和效率提高是这项原则的基本目的和根本要求，为了确保统一指挥，应注意保持信息畅通，切忌多头领导和越级指挥。

### 3. 企业的岗位设置

新企业进行初创期的定岗定编时，可以按照以下做法来设立岗位和职位：

（1）根据企业的具体需求确定部门内的工作分工，根据职责和权限确定岗位和职位，比如营销部设立营销经理、销售员等。

（2）要先确定重点岗位，再根据需求设立必要的辅助岗位。

（3）新创企业经常出现一人身兼数职的情况，在这样的情况下，一是让每个员工知道自己的职责范围；二是身兼数职时，可以考核其总体业绩；三是企业壮大的过程中，人员渐增，业务交接比较顺畅方便。

岗位职责的确定原则如下：

（1）根据企业工作任务的具体需求确定岗位名称和岗位数量；

（2）根据工作内容确定岗位的职务范围、工作目标与责任范围；

（3）根据工种性质确定岗位需要使用的工具、设备，以及工作质量和效率；

（4）明确岗位任职资格和工作环境；

（5）确定各岗位之间的工作关系；

（6）岗位的工作目标和职责范围各项内容必须量化、准确、全面，以便制定考核标准。

### 6.2.2 企业的员工招聘

人是企业最重要的资源。对于新创企业来说，人力资源招聘从“人”“事”两个方面出发，挑选出最合适的人来担当某一职位。员工招聘主要由招募、甄选、录用、评估等一系列活动构成。面对人力资源市场的激烈竞争，大企业通常靠名声、待遇、培训机会等吸引人，在这个阶段，小企业没有知名度，资源非常有限，甚至产品可能还在研发阶段，有竞争力的薪资往往只是个口号。但每一个创业者都很清楚，只有与优秀的人在一起，才能成就伟大的事业。那么如何找到优秀的人才呢？小企业可以通过挖掘自身的“卖点”，如发展空间、工作挑战性和成就感、实践学习机会或其他更具本企业特色的东西，以小博大、吸引人才。

#### 1. 新创企业员工招聘的原则

（1）合适的就是好的。小微企业录用员工的标准与大企业不同，大企业在员工知识面、工作经验、能力、学历、专业等方面都有一定的标准。

针对小微企业的特点，员工最好具有以下特征：素质上能吃苦耐劳，积极主动，务实真干；道德上对企业忠诚，对顾客诚信；精神上敬业、服从、敢于承担责任；身体上健康，精力充沛，心理承受能力强；理解能力强，适应能力强，有培养前途；能独当一面，为企业带来可见效益。

当然，以上提供的只是基本的思路，由于小微企业千差万别，挑选员工的标准应当因企业而异，既要防止“叶公好龙”式的人才高消费现象，又要防止舍不得引进人才的低消费现象。有时过分寻找物美价廉的人才，导致筛选人才的余地太小，要明白“人才只有最合适的，没有最好的”。

（2）灵活设岗，合理搭配。新创企业要学会灵活设岗、合理搭配。大多数新创企业的员工人数在十几人至几十人之间，所以其组织形态发育并不充分，没有划分出行政、财务、人事、采购、销售、加工等职能部门。除了组织结构不正式外，企业的岗位设定比较粗，专业的管理人员很少。甚至创业者和管理者本人也是身兼数职，既是采购员，也是销售员，还是送货员。

#### 2. 招聘与录用的基本思路

（1）花更多的时间去雇人。雇人是你能做得最有价值的事情，伟大的公司一定拥有伟大的雇员，一直如此。

（2）聚焦在正确的人才渠道。除了招聘广告、网络、会议、校园招聘等方式外，还要更多地使用人脉资源。

（3）让人尝试新岗位，而不仅仅是面试。这样做，你将对这个人是否适合该岗位等方面有非常直观的了解，这是你无法通过面试获得的。同时，他也会对公司的情况有一些了解。

（4）设立一定的文化价值观。如果候选者与你的价值观不匹配，即使其他方面很优秀，也要果断地放弃录用。团队中意见和性格的多样性是好的，但新创企业中多元化的价值观是很糟糕的。有一些人有他们自己的行为方式，不愿遵从你的价值观，这类人最终会离开公司。

（5）持续招聘员工。公司在运营过程中会有一定程度的不确定性。如果你发现某个人非常适合某个角色，尽管你短时间内不需要这个角色，你仍然可以聘用他。

（6）解雇员工时要果断。解雇员工是创业者必须做的最痛苦的事情之一，但你必须克服困难，并且相信解雇会比拖延有更好的结果。

### 6.2.3 薪酬设计和绩效管理

对于新创企业，初期资金不足，人才短缺，如何吸引并留住人才成了一大难题。创业过程中所说的同心同德，也需要激励来完成，没有好的激励，团队的凝聚力和竞争力便不能形成。而企业的激励，多是与薪酬挂钩。对企业来讲，薪酬激励应与绩效相联系，如果没有绩效，薪酬的付出只是徒增企业人力资源成本。

#### 1. 薪酬战略与设计原则

薪酬战略的主要内容：薪酬基础、薪酬水平、薪酬结构、薪酬形式、薪酬管理。创业者要明白，员工的哪方面值得我们付出薪酬，我们为实现企业目标总共应该付出多少薪酬，每个人付出多少，薪酬中基本工资、绩效奖金、福利待遇的结构是怎样的，应使用哪种激励形式，如何管理薪酬等。

总的来看，新创企业的薪酬设计方案可以按照以下原则来制定：高工资，低福利原则；简明实用原则；增加薪酬的激励力度原则；建立绩效工资制度原则。另外，薪酬在设计时一定要注意内部的公平性、外部竞争性及个体公平性，任意一方面没有处理好都容易出问题。

#### 2. 薪酬结构

薪酬结构包括基本工资、津贴、奖金、绩效、福利，以及分红。其中，基本工资的设计要与技能、职位相挂钩，比例一般不要超过总薪酬的 65%。绩效的指标选择一定是员工能影响的，这样才有意义，其比例不要低于 35%，如果过低会导致激励作用不够。如基本工资占 60%，绩效占 35%，另外 5%作为津贴奖金的薪酬结构是较为合理的。

对于新创企业而言，核心团队之间的薪酬建议采用公开透明的方式，多劳多得，大家都是主人，都能看到企业的收入及产出。另外，因为新创企业的职位空间较多，所以职位低的人也可以提出更高的挑战。因新创企业的创业团队在管理上经验不足，精通薪酬管理人较少，所以可以在征求员工意见后将薪酬进行集中管理。好的管理制度由谁制定不重要，重要的是符合企业战略，并能令大家满意。

公司可以考虑将上一年度的或上一周期利润的一部分用于人力资源，因为新创企业最好保留一定的流动资金，以备遇到大项目时调用。一般来说，拿出员工给企业创造利润的 10%以上用于员工的薪酬，员工不会觉得过少，激励效果达到了，企业也不会有太大的负担。对于新创企业来说，企业创造的利润一般是翻倍增长的，因此可以用上一年度利润的 20%左右来做新一年度的薪酬水平设计。

#### 3. 绩效管理

所谓绩效管理是指员工的工作成绩和工作过程中的能力及态度表现。绩效考核是指以工作目标为导向，以工作标准为依据，对员工在工作过程中的行为及其成绩进行评定的过程。

1）绩效考核的目的

（1）为企业造就一支业务精干的高素质、高境界、具有高度凝聚力和团队精神的人才队伍，并形成以考核为核心导向的人才发掘培养管理使用机制。

（2）能及时、公正地对员工过去一段时间的工作绩效进行绩效评估，肯定成绩，发现问题，为下一阶段工作的绩效改进做好准备。

（3）为企业中层管理、技术类员工的职业发展制订计划，为员工的薪酬待遇以及相关的教育培训提供人事信息和决策依据。

（4）将人事考核转换为一种管理过程，在企业内部形成一个员工与公司双向沟通的平台，以提高管理效率。

2）绩效考核的过程

绩效考核分为制定考核标准、确定考核方法、进行绩效考评和考核结果反馈四个环节。

制定考核标准需遵循SMART原则。

（1）明确具体考核方法（Specific）：需表达清楚，以免造成误解；

（2）可以检测（Measurable）：尽可能量化指标，以便衡量和检测；

（3）商定一致（Agreed）：与员工商定，使员工认同并接受所制定的标准或指标；

（4）现实可行（Realistic）：制定的工作任务和指标须是可以完成的；

（5）时间期限（Timed）：对完成任务和实现指标规定时间期限。

## 6.2.4 企业留住人才的原则

### 1. 留住能留得住的人才

留住能留得住的人才，并不是降低对企业留住人才的需要，而是求真务实的表现，同时也符合市场竞争和人才流动的需求。实践证明，企业无论怎样做都留不住的人才，还是让他痛痛快快地走好了。这样做，既使走的人心情舒畅，又符合人才流动的规律，也是对社会的奉献。事实上，任何一个企业也不可能把单位内的所有人才全留住，如果企业真的把人才都留住了，那人才流动就难以实现了。

企业留不住的人才主要有三种情况：一是要干大事业的人才，他要创立或领导比本企业更好的单位；二是另谋高职级、高待遇的人才；三是自认高明，而企业又无法重用的人才。对这些人才，企业应予放行，不应“硬卡”“卡死”，不要压抑人才。

### 2. 尊重人才价值

要留住能留住的人才，也并非易事。必须在尊重人才的价值上下工夫，一是用好人才，按照人才的才能和特长安排适当的领导岗位、聘任技术职务，使人才感到有价值，有“认可感”与被信任的感觉；二是给任务、压担子，让人才攻克关键任务、解决难题，使人才有“荣誉感”；三是待遇从优，使人才有“幸福感”和“满足感”。

企业的发展，本在人才，企业要想留住人才，进一步做强做大，必须着力做到真情招人、真诚用人、真挚待人。

### 3. 构建发展平台

企业在管理上要严格、规范、精细化，为人才构筑出施展抱负的平台，并能健全学习培训机制，为其搭起自我加压、自强素质、不断提高业务技能的桥梁，充分激发敬业激情。同时，企业要在工作、生活和学习上多与人才沟通、交流，加强引导，并及时排忧解难，努力营造出用才、爱才、惜才的良好氛围。

总之，人才是企业的灵魂，只有留住人才，用好人才，才能使企业在激烈的市场竞争中做大做强，立于不败之地。

### 故事分享 18　要素资源聚集少，难奏创业交响曲

创业者小乔说："从没有想到，找一个适合的电子商务美工是如此之难。"淘宝店需要美工，小乔在当地打广告招人，开出了能承受的最好待遇，但应聘者寥寥无几，来应聘的又难以胜任实际工作，这令他感觉很无奈。

无奈之下，他自己出学费，从村里找年轻人送到培训班培养。小乔说："但有些活还是要外包出去"，这无疑增加了成本。

招人难，人手紧，小雷也遇到过类似问题。当他进入甘肃农业大学就读生物制品专业后，却对摄影摄像逐渐产生了浓厚兴趣，尤其爱好无人机影视。在大四时他和同伴创办了一家科技公司，主营无人机相关业务。

公司平常开展无人机测绘、环境监测、VR 等项目，有时还会拍摄宣传片。按正常业务流程，每一单业务都会先拟定初步方案，接着进行现场拍摄，最后再进行后期剪辑和修改，每个环节都有专人负责。但小雷的公司由于人手不够，项目运营和产品制作都是同一拨人在做，大伙儿干得很辛苦。

"刚开始创业，能提供给员工的工资有限，在此情况下，找到志同道合，又有能力的伙伴的确比较难。"小雷深有感触地说。

**启示**：现在创业环境较为宽松，虽有各种扶持政策，但创业的常规指导不多，很多东西都只能自己摸索。有创业梦想的大学生在创业前一定要做好各种准备。

# 任务 6.3　新创企业的财务管理

## 6.3.1　财务管理的含义与术语

财务管理是企业发展的着眼点，是创业成功的基础。企业的生产、推广销售、人力资源、报销开支，每一项的运行都与财务紧密相连。换句话说，财务资金就像企业的心脏，只有合理的管理和使用资金，才能让"心脏"一直处于健康正常状态。

常言道：巧妇难为无米之炊。在创业之前，创业者常常会遇到财务方面的危机。大学生创业的前提条件之一就是要有足够的资金。要使新创企业正常运转，就要制订周密的资金运作计划。企业在进行各种预算、投资决策、收入成本管理、各项经营活动中都需要运用财务管理，只有掌握好财务管理知识才能更快更好地筹措到更多资金，并且合理地分配运用资金。只有坚持做好财务管理工作才能使企业稳定地发展下去，并及时发现企业在运营中存在的问题，从而做出最优的解决方案。

### 1. 财务管理的基本含义

财务管理是在一定整体目标下，关于资产的购置、资本的筹集和经营中的现金流量以及利润分配的管理，是企业为实现良好的经济效益、组织企业财务活动、处理财务关系所进行的一项综合性管理工作。财务管理反映创业活动中的总目标。大学生创业活动中的每一个环

节都需要财务管理进行财务核算，需要财务监督对企业活动进行检查与制约。财务管理的目标是在进行财务活动时以较少的资金耗用及最优的财务政策，在降低成本、提高效率、合理考虑资金时间价值及风险与报酬关系的情况下，追求利润最大化、收益最大化以及财务活动价值最大化。

**2. 财务管理的基本术语**

财务管理涉及的专业术语比较多，对初次创业者来讲，除了一些常见的名词如员工报酬、房租、水电费、办公费等外，有些词语可能会比较陌生。以下作一些简单解释。

1）资产

资产是指企业过去的交易或者事项形成的由企业拥有或控制的，预期会给企业带来经济利益的资源。资产是会计最基本的要素之一，与负债、所有者权益共同构成会计等式，成为财务会计的基础。在会计恒等式中，资产=负债+所有者权益。资产按其流动性（资产的周转、变现能力）可以分为流动资产和非流动资产。

2）负债

如果说资产就是把钱放进你口袋里，那么负债就相当于把口袋里钱的金额开个收据给别人。我国《企业会计准则》将负债定义为：负债是企业所承担的能以货币计量、需以资产或劳务偿还的债务。根据负债的定义，负债具有以下特征：

（1）负债是企业承担的现时义务；

（2）负债的清偿预期会导致经济利益流出企业；

（3）负债是由过去的交易或事项形成的。

3）所有者权益

所有者权益是指企业资产扣除负债后由所有者享有的剩余权益。所有者权益是企业投资人对企业净资产的所有权，它受总资产和总负债变动的影响而发生增减变动。所有者权益包含所有者以其出资额的比例分享企业利润，同时也必须以其出资额承担企业的经营风险。

4）收入

收入是财务会计的一个基本要素。广义上而言，将企业日常活动及其之外的活动形成的经济利益流入均视为收入。我国现行制度采用的是狭义的收入概念，即收入是指企业在日常活动中形成的、会导致所有者权益增加的、与所有者投入资本无关的经济利益的总流入。按照企业从事日常活动在企业的重要性，可将收入分为主营业务收入与其他业务收入。主营业务收入的概念是：来自企业为完成其经营目标而从事的日常活动中的主要项目，如工商企业的销售商品、银行的贷款和办理结算等。其他业务收入的概念是：来自主营业务以外的其他日常活动，如工业企业销售材料，提供非工业性劳务等。

5）费用

我国《企业会计准则》中对费用的定义表述为：费用是企业生产经营过程中发生的各项耗费。费用一般具有以下特征：①费用最终会导致企业资源的减少，这种减少具体表现为企业的资金支出。②费用最终会减少企业的所有者权益。但是所有者权益减少也不一定都列入费用，如企业偿债性支出和向投资者分配利润减少了所有者权益，但不能归入费用。③费用可能表现为资产的减少或负债的增加，或者二者兼而有之。

6）成本

成本指生产活动中所使用的生产要素的价格，也称作生产费用。也可以这么说，人们要进行生产经营活动或达到一定的目的，就必须耗费一定的资源，其所耗费资源的货币表现及其对象化称之为成本。

7）利润

利润也称净利润或净收益。从狭义来讲，利润包括收入和费用的差额，以及其他直接计入损益的利得、损失。从广义来讲，利润是收入和费用的差额。《企业会计准则——基本准则》相关条款规定：利润是指企业在一定会计期间的经营成果。利润金额取决于收入和费用、直接计入当期利润的利得和损失金额的计量。

8）票据

票据是甲方对乙方作出的承诺，保证在一定的期限内将应付金额全部付清。票据种类很多，有长期票据、短期票据、应付票据、应收票据等。针对票据种类的不同，公司可分为支付方（应付票据）或收款方（应收票据）。

9）坏账

坏账是指公司无法收回或收回可能性极小的应收款项。通俗而言，坏账就是欠公司钱的那一方已经没有能力将拖欠款项归还。由于发生坏账而产生的损失，称为坏账损失。

10）留存盈余

留存盈余也叫留存收益，是公司在经营过程中所创造的，由于公司经营发展的需要或法定的原因等，没有分配给所有者而留存在公司的赢利。留存盈余源于企业的生产经营活动所实现的净利润，包括企业的盈余公积金和未分配利润两个部分，其中盈余公积金是有特定用途的累积盈余，未分配利润是没有指定用途的累积盈余。

## 6.3.2 财务管理的原则

### 1. 价值最大化原则

价值最大化是指采用最优的财务结构，充分考虑资金的时间价值以及风险与报酬的关系，以保证企业长期稳定发展为目标，不断增加企业财富，使企业价值达到最大化。价值最大化是企业财务管理的终极目标。

### 2. 货币时间价值原则

货币时间价值原则是指货币经历一段时间的投资和再投资所增加的价值。将货币时间价值运用在资金筹集、运用和分配方面是提高财务管理水平，搞好融资、投资、分配决策的有效保证。财务管理中的应付账款管理、存货周期管理、应收账款周期管理等都是货币时间价值在财务管理中的具体应用。

### 3. 资金合理分配原则

拥有一定数量的资金，是企业进行生产经营活动的必要条件，但任何企业的资金总是有限的。资金合理分配原则是指企业在组织和使用资金的过程中，应当使各种资金保持合理的结构和比例关系，有效地配置资金，保证企业生产经营活动的正常进行，使资金得到充分有效的应用。

#### 4. 收益风险均衡原则

在市场中，财务活动不可避免地会遇到各种各样的风险。风险伴随着收益，它们是一对孪生兄弟，形影相随。企业要想取得收益，就不能回避风险。收益风险均衡，就是要求企业对每一项财务活动的收益和风险进行全面分析，按照风险和收益适当均衡的要求制定方案，趋利避害，力争做到既降低风险，又能取得较高的收益。

#### 5. 收支积极平衡原则

收支平衡是企业财务管理的基本要求。资金不足，会影响企业的正常生产经营；资金多余，会造成资金的闲置和浪费。收支积极平衡原则要求企业积极组织收入，确保生产经营和对内、对外投资中资金的合理需要，同时节约成本费用，压缩不合理开支，避免盲目决策。

#### 6. 利益关系协调原则

企业在组织实施财务管理中应兼顾和协调好债权人和债务人、所有者和经营者、企业和个人、投资者和受资者等各种利益关系。只有将这些关系处理好，才能建立一个和谐稳定的发展环境，最终实现企业价值的最大化。

#### 7. 战略管理原则

战略管理是为实现财务目标而进行规划和控制的过程。企业应从财务目标的角度出发，在对整个财务环境包括经济周期、经济政策、税收政策、同行业竞争对手等情况进行充分研究的基础上，结合实际情况制定出宏观规划，掌握发展方向，开展具体的运营活动。

**创业小贴士** 很多创业者在创业过程中都有一个错误的认识，即认为自己创业受挫的主要原因是缺乏资金，但实际上缺乏对现有资金使用的合理规划比缺乏资金更为致命。在创业初期，企业没有现金流入，资金循环是单向的，所以资金链断裂是极为正常的现象，因此在创业过程中一定要对资金的使用进行合理细致的规划，做到专款专用。

### 6.3.3 财务管理的基本内容

#### 1. 筹资管理

创业遇到的最大问题就是资金问题。我们知道，创业如果没有足够的资金，一切就无从谈起。

筹资是所有企业在初创和成长过程中必须考虑的核心财务问题。企业初创期融资渠道少，原始资本主要来源于个人积累及亲友的借款，资本额较小。同时，由于企业处于初创期，投入大，收益小。因此，如何依靠企业自身发展积累资金并争取外部资金支持，成为了企业财务面临的主要难题。

1）分析生产经营情况，正确预测资金需要量

企业筹集资金，首先要合理预测资金的需要量。企业应在综合考虑企业生产经营规模、投资需求、发展目标等方面的资金需求基础上，对资金需要量作出正确的预测，从而确定筹资的总额。筹资规模与资金需要量应尽量保持一致，防止因资金不足影响企业生产经营的发展，以及因资金过剩导致的资金使用效果降低。

2）选择合理的筹资渠道和方式

企业应当在考虑筹资难易程度的基础上，针对不同来源资金的成本进行分析，尽可能选择经济、可行的筹资渠道与方式，力求降低筹资成本。

### 2. 投资管理

投资管理是指企业为谋求发展而增加资金总量、扩大经营规模的管理活动。企业通过投资管理，既能扩大企业规模又能够有效地利用资金充分运转。投资管理的基本要求是建立严密的管理秩序，以减少风险、提高效益。

### 3. 营运资金管理

大学生创业要维持正常的运转就必须要拥有适量的营运资金。因此，营运资金管理是创业企业财务管理的重要组成部分。从会计学的角度看，营运资金是指流动资产与流动负债的净额。据调查，公司的财务经理工作中 60%的时间都用于营运资金管理。而要做好营运资金管理，必须解决好流动资产和流动负债两个方面的问题。换句话说，一是企业应该投资多少在流动资产上，即资金运用的管理，主要包括现金管理、应收账款管理和存货管理；二是企业应该怎样进行流动资产的融资，即资金筹措的管理，包括银行短期借款的管理和商业信用的管理。

### 4. 利润分配管理

利润分配，是将企业实现的净利润，按照国家财务制度规定的分配形式和分配顺序，在企业和投资者之间进行的分配。企业利润分配的主体是企业和投资者，利润分配的对象是企业经营获得的净利润，利润分配的时间是利润分配义务发生的时间和企业作出决定向内、向外分配利润的时间。利润分配的过程与结果，是关系到所有者的合法权益能否得到保护，企业能否长期、稳定发展的重要问题。为此，企业必须加强利润分配的管理和核算。

**创业小贴士** 在创业初期，业务量不是很多，创业者没有完整、标准的会计体系，仅仅是草草记账而没有财务预算、成本控制、风险控制的概念。一旦企业遇到资金困难、经营风险的问题，将会直接危及到企业的生存与发展。

## 6.3.4 财务报表的解读

财务报表犹如名贵香水，只能细细品味，不能生吞活剥。财务报表看似一堆数据，却是财富密码，也是企业生存的晴雨表，它反映着企业的财务状况、经营成果和现金流量。加强财务报表方面的知识学习，可直观地了解企业的经营情况、资金走向，以便及时调整企业下

一步的经营方向和管理计划。

**1. 资产负债表——企业的健康证明**

1）资产负债表的含义

资产负债表是反映企业在某一特定日期（如月末、季末、年末）全部资产、负债和所有者权益情况的会计报表，是企业经营活动的静态体现。资产负债表的说明如图 6-1 所示，左侧是资产及其分布状态，资产分为流动资产和非流动资产；右侧是企业的负债和所有者权益，负债包括流动负债和非流动负债，权益包括股本、公积金、未分配利润等。根据“资产=负债+所有者权益”这一会计基本等式，可对企业的资产及负债进行基本的计算。资产负债表反映企业资本的来源。

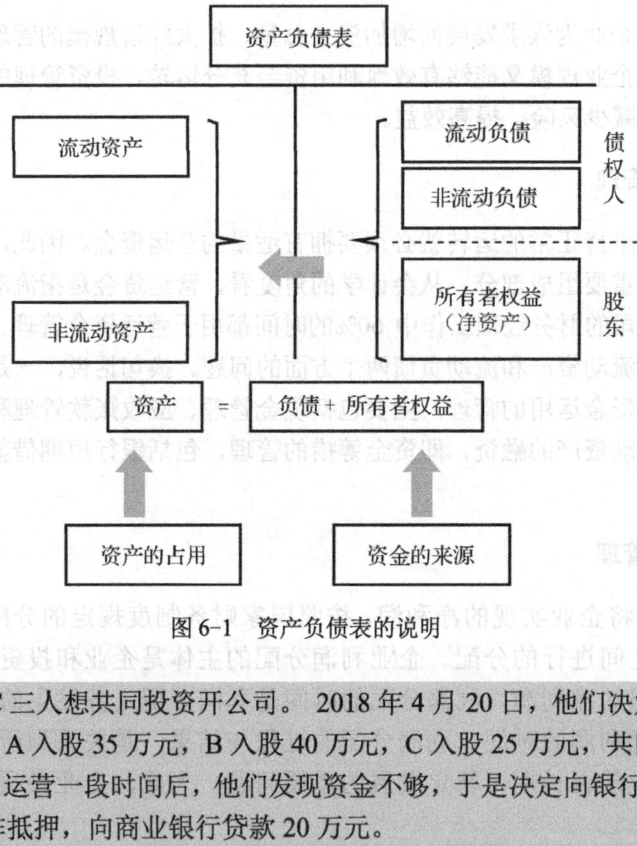


图 6-1 资产负债表的说明

**实例**：A、B、C 三人想共同投资开公司。2018 年 4 月 20 日，他们决定到工商局注册一家甲公司。注册时，A 入股 35 万元，B 入股 40 万元，C 入股 25 万元，共同投入到公司的资金是 100 万元。公司运营一段时间后，他们发现资金不够，于是决定向银行贷款。9 月 15 日，他们用公司的汽车作抵押，向商业银行贷款 20 万元。

那么，甲公司拥有和控制的资产总额是 120 万元，投资人投入了 100 万元，向银行借款 20 万元，实际上就是股东权益 100 万元和负债 20 万元。净资产则是 120 万元总额减去 20 万元的负债。这里的净资产实际上是投资者入股时注入企业资金带来的所有者权益。

2）资产负债表的格式

资产负债表按格式分为账户式和报告式两种。账户式是资产负债表的传统格式，资产项列在左侧，负债和所有者权益项目列在右侧，示例如表 6-4 所示。报告式则是按照资产、负债和所有者权益的顺序垂直排列。

表 6-4　资产负债表（账户式）

编制单位：　　　　　　　　　　　　年　月　日　　　　　　　　　　　　单位：元

| 资　产 | 行次 | 期末余额 | 年初余额 | 负债和所有者权益 | 行次 | 期末余额 | 年初余额 |
|---|---|---|---|---|---|---|---|
| 流动资产<br>非流动资产 | | 60 000<br>100 000 | 50 000<br>80 000 | 流动负债<br>非流动负债<br>所有者权益 | | 25 000<br>30 000<br>105 000 | 20 000<br>25 000<br>85 000 |
| 资产总计 | | 160 000 | 130 000 | 负债及所有者权益总计 | | 160 000 | 130 000 |

从表 6-4 可看出，资产负债表左侧列出的全部资产是企业可以利用的资源。资产负债表的右侧是对左侧资产来源的说明。

通过资产负债表可看出企业的“健康状况”，资产负债表是企业财务状况的“快照”，可以充分体现资金的来源和去向，从而观察企业偿债能力和筹资能力，预见企业未来的财务状况和经营业绩。

3）分析资产负债表的目的

资产负债表反映着企业资本的来源、企业把资本投资在哪种资产上、资产结构情况如何、企业的经营状况是否健康等。分析资产负债表可以形象地表示为以下目的：

（1）公司是否“健康”——了解公司的健康状况；

（2）公司是否“超重”——公司是否欠银行和供应商较多的钱；

（3）公司是否“贫血”——公司账面上的现金和现金等价物是否过低；

（4）公司的“新陈代谢”是否正常——公司的存货和应收账款周转是否过慢。

### 2. 利润表——企业的真功夫

利润表是反映企业在一定会计期间经营成果的报表。由于它反映的是某一期间的情况，所以，又被称为动态报表。利润表也称为损益表、收益表，它能解释公司在一定的时期内的（通常指一个会计区间，如季度、半年度、年度）收入、支出情况。利润=收入-支出（支出，按照类型通常又分为成本和费用）。如果收入大于支出，那么利润为正，公司就是赢利的；反之，支出大于收入，利润为负，公司就是亏损的。

1）利润表的构成要素

利润表的核心公式：利润=收入-支出。

收入包括经营收入（如产品和服务的销售）、投资收入和营业外收入，通常使用的收入概念是销售收入或者经营收入。支出分为成本和费用。成本是与所销售的每件商品相联系的，反映为生产或者销售产品/服务而支付的款项，比如购买原材料等。而费用则是指为维持公司日常经营而花费的支出，如薪金、办公场地租金、公用事业费、法律费用、销售费用、财务会计费用、通讯费用等。

2）利润表的编制

利润表是层层计算的表格，有两种常见格式：一是单步式计算法，即：收入-总支出=净利润；二是多步计算法，即：收入-产品成本-运营成本-税金=净利润。多数企业采用多步计算法，便于对企业利润形成的渠道进行分析，同时也有利于不同企业之间的比较，还可以预测企业未来的赢利能力，利润表示例如表 6-5 所示。

**表 6-5 利润表**

编制单位：　　　　　　　　　　　　　　年　　月　　　　　　　　　　　　　　金额单位：元

| 项　目 | 本 期 金 额 | 上 期 金 额 |
|---|---|---|
| 一、营业收入 | | |
| 减：营业成本 | | |
| 　　税金及附加 | | |
| 　　销售费用 | | |
| 　　管理费用 | | |
| 　　财务费用 | | |
| 　　资产减值损失 | | |
| 加：公允价值变动收益（损失以“—”号填列） | | |
| 　　投资收益（损失以“—”号填列） | | |
| 　　其中：对联营企业和合营企业的投资收益 | | |
| 二、营业利润（亏损以“—”号填列） | | |
| 加：营业外收入 | | |
| 　　其中：非流动资产处置得利 | | |
| 减：营业外支出 | | |
| 　　其中：非流动资产处置损失 | | |
| 三、利润总额（亏损总额以“—”号填列） | | |
| 减：所得税费用 | | |
| 四、净利润（净亏损以“—”号填列） | | |

法定代表人：　　　　　　　　主管会计工作单位负责人：　　　　　　　　　　会计机构负责人：

### 3）利润表的基本技巧

阅读利润表的基本技巧如表 6-6 所示。通过利润表，显示出企业的“真功夫”，揭开企业的“面子”，根据利润表不同时期的数据比较，可以综合评价公司的获利能力、偿债能力和发展趋势。

**表 6-6 阅读利润表的基本技巧**

| 根据利润表检查经营成果的三个步骤 | | |
|---|---|---|
| 1．把握结果 | 赚了多少钱？ | 顺着利润表从下往上看，先看净利润，再看利润总额，考察企业是赚钱还是赔钱 |
| 2．分层观察 | 在哪里赚的钱？<br>是来自日常活动，还是偶然所得？ | 企业日常经营活动所得利润最能说明企业赢利能力的大小 |
| 3．水平对比<br>（1）与上期对比；<br>（2）与预算对比 | 满意吗？ | 首先是与上年对比，其次是与年初所定的目标对比，确定对本年度业绩是否满意 |

## 3．现金流量表——企业的血液

现金流量表是财务报表的三个基本报表之一，所表达的是在一个固定期间（通常是每月或每季）内，企业或独立项目中现金（包含银行存款）的增减变动情况。通俗地讲，就是现金如何进入公司以及如何流出公司的。现金流量可以形象地表示为企业的血液，有助于评估企业的经营状况、偿债能力和实际赢利情况，了解企业的活力。

现金流量表的基本公式为：现金净流量=现金收入-现金支出。企业的现金流量由经营活动产生的现金流量、投资活动产生的现金流量和筹资活动产生的现金流量三部分构成。现金流量表示例如表 6-7 所示。

**表 6-7　现金流量表**

编制单位：　　　　　　年　　月　　　　　　　　　　　　　　　　　　　　单位：元

| 项　目 | 本期金额 | 上期金额 |
|---|---|---|
| 一、经营活动产生的现金流量 | | |
| 销售商品、提供劳务收到的现金 | | |
| 收到的税费返还 | | |
| 收到的其他与经营活动有关的现金 | | |
| 经营活动现金流入小计 | | |
| 购买商品、接受劳务支付的现金 | | |
| 支付给职工以及为职工支付的现金 | | |
| 支付的各项税费 | | |
| 支付的其他与经营活动有关的现金 | | |
| 经营活动现金流出小计 | | |
| 经营活动产生的现金流量净额 | | |
| 二、投资活动产生的现金流量 | | |
| 收回投资所收到的现金 | | |
| 取得投资收益所收到的现金 | | |
| 处置固定资产、无形资产和其他长期资产收到的现金净额 | | |
| 处置子公司及其他营业单位收到的现金净额 | | |
| 收到的其他与投资活动有关的现金 | | |
| 投资活动现金流入小计 | | |
| 构建固定资产、无形资产和其他长期资产所支付的现金 | | |
| 投资所支付的现金 | | |
| 取得子公司及其他营业单位支付的现金净额 | | |
| 支付的其他与投资活动有关的现金 | | |
| 投资活动现金流出小计 | | |
| 投资活动产生的现金流量净额 | | |
| 三、筹资活动产生的现金流量 | | |
| 吸收投资所收到的现金 | | |
| 借款所收到的现金 | | |
| 收到的其他与筹资活动有关的现金 | | |
| 筹资活动现金流入小计 | | |
| 偿还债务所支付的现金 | | |
| 分配股利、利润或偿付利息所支付的现金 | | |
| 支付的其他与筹资活动有关的现金 | | |
| 筹资活动现金流出小计 | | |
| 筹资活动产生的现金流量净额 | | |
| 四、汇率变动对现金及现金等价物的影响 | | |
| 五、现金及现金等价物净增加额 | | |
| 加：期初现金及现金等价物余额 | | |
| 六、期末现金及现金等价物余额 | | |

经营活动的现金流量是指通过企业经营而获得或支出的现金，如购买原材料、商品，接受劳务支付的现金；销售产品、商品，提供劳务收到的现金；支付的职工薪酬；支付的税费等。

投资活动的现金流量是指企业参与投资活动时所用的现金，如收回短期投资、长期债券投资和长期股权投资获得的现金，取得投资收益收到的现金，长期债券投资和长期股权投资支付的现金，构建固定资产和无形资产支付的现金等。

筹资活动的现金流量是指企业通过吸收独立投资人投资或发行新股票等形式所获得的现金，如吸收投资人在投资中的现金，偿还借款本息支付的现金，取得借款收到的现金，分配利润支付的现金等。

透过企业的现金流量表，可以看出企业的“日子”过得如何。企业是否具有到期还款的能力，还贷资金从哪里来等，都可通过分析现金流量表得知。一般情况下分析现金流量表需关注的要点为：

（1）分析企业现金变动的整体情况；

（2）分析企业的经营现金流量、投资现金流量、筹资现金流量；

（3）结合企业所处的生命周期阶段分析其合理性；

（4）结合利润表和企业核心竞争力分析未来的现金流量。

**创业小贴士** 现金流量表将企业的现金流划分为经营活动、投资活动、筹资活动，并分别反映出各类活动的资金流动情况。利用这些信息可以判断企业的资金使用是否达到效益最大化，并根据这些信息进行最优的决策。

#### 4. 财务三张报表之间的关系

财务的三张报表为资产负债表、利润表和现金流量表，三者之间的关系可以用“一个中心，两个基本点”来概括。资产负债表是中心，利润表和现金流量表是两个基本点。利润表反映资产负债表中未分配利润的增减变化（净利润本年累计数=资产负债表中未分配利润期末数-资产负债表中未分配利润期初数）；现金流量表反映资产负债表中货币资金的增减变化（现金及现金等价物的净增加额=现金的期末余额-现金的期初余额）。资产负债表、利润表和现金流量三者的关系如图 6-2 所示。

### 6.3.5 大学生在创业初期财务管理存在的问题及策略

随着“大众创业、万众创新”的提出，大学生创业不再是遥不可及的梦想，很多大学毕业生选择自主创业，这既是对他们的一次挑战，也是对国家政策的响应。《2016 年中国大学生就业报告》数据显示，大学生毕业后创业的比例连续 5 年上升，从 2011 届的 1.6% 上升到 2015 届的 3.0%。尽管创业前景越来越好以及有政府和学校的大力支持，但大学生创业成功率却仅有 5%。现实面临的各种问题导致了很多大学生半途而废，并以失败告终。而这其中大多都是由于财务管理不善而使企业走向灭亡，因此能否做好财务管理是创业能否成功的关键。

大学生在自主创业过程中会遇到很多财务管理问题，主要有：

（1）缺少资金来源；

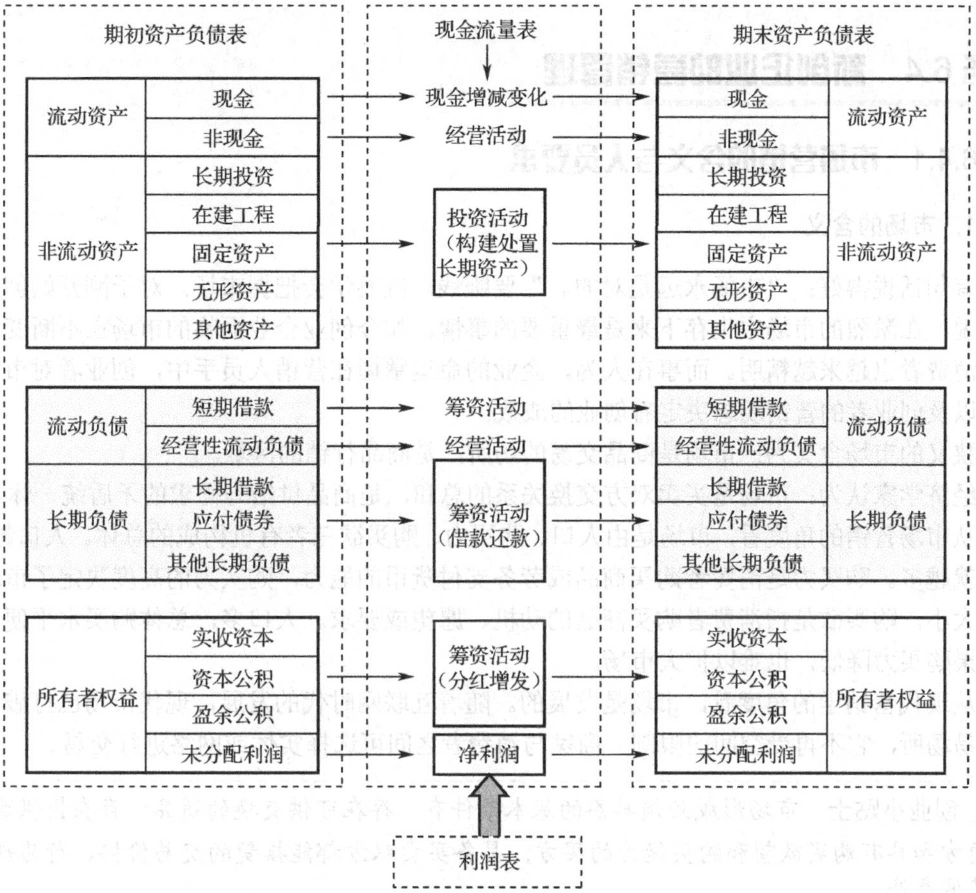


图 6-2　资产负债表、利润表和现金流量表三者的关系

（2）财务管理专业知识储备欠缺；

（3）财务管理意识淡薄；

（4）创业企业缺少完善的财务管理制度；

（5）缺乏可行性的市场调研。

财务管理是大学生自主创业必要的前提条件，贯穿于大学生自主创业的每个阶段，是大学生自主创业成功与否的关键环节。大学生要想创业成功，应当提升主观意识、重视财务管理；应当加强财务管理的专业知识储备；应当规范企业财务管理制度；应当增加企业资金来源渠道；应当理性投资，防范投资风险；应当充分了解和利用国家的优惠政策。总之，财务管理问题是很多大学生在自主创业中遇到的尴尬问题。如何有效地进行财务管理、规范财务制度，是企业良性发展首先要解决的问题。只有财务管理问题得到重视和妥善解决，才能使大学生自主创业得以良性发展。

**创业小贴士**　在创业初期建立起一个广泛的社交关系网也是拓宽融资渠道的重中之重。要创业，就要建立广泛的社会关系，多参与一些与创业相关的活动，多结识各行各业的朋友，以便获得更多的融资信息，拓宽融资渠道。

扫一扫下载阅看案例：
近四成大学毕业生创业者为农村家庭背景

# 任务 6.4 新创企业的营销管理

## 6.4.1 市场营销的含义与人员要求

### 1. 市场的含义

有句话说得好："市场永远是对的。"要赚钱，就要学会把握市场。对于刚开始创业的人来说，在激烈的市场中生存下来是最重要的事情。如今创业企业面临的市场在不断变得成熟，消费者也越来越精明。而事在人为，企业的命运掌握在营销人员手中，创业者对市场的认识以及创业者的营销观念决定着创业的成败。

狭义的市场含义为：市场是商品交易的场所，是商品行销的区域。

经济学家认为：市场是买卖双方交换关系的总和，是商品供给与需求的矛盾统一体。

从市场营销的角度看，市场是由人口、购买力、购买欲三者有机构成的总体。人口越多，需求就越多。购买力是消费者购买商品或劳务支付货币的能力，购买力的高度决定了市场容量的大小。购买欲是指消费者购买商品的动机、愿望或要求。人口多，总体购买水平便高，但如果购买力降低，也难以扩大市场。

从现代营销学的角度看，市场是发展的。随着互联网时代的发展，现代市场已打破传统的交易场所，它不再受空间的限制，商家与消费者之间可选择实体或网络进行交易。

**创业小贴士** 市场形成必须具备的基本条件有：存在可供交换的商品；存在提供商品的卖方和具有购买欲望和购买能力的买方；具备买卖双方都能接受的交易价格、行为规范及其他条件。

### 2. 市场营销的含义

被誉为"现代营销学之父"的菲利普·科特勒认为：现代市场营销就是企业以满足消费者需求为核心，以获得最大利益为目标，有计划地组织各项经济活动，为消费者提供满意的商品或服务而实现企业目标的过程。

市场营销是一种企业活动，满足和引导消费者需求是市场营销活动的出发点和中心。实现企业目标是市场营销活动的目的，企业经营的最根本目标是获得利润。市场营销活动的主要内容有分析环境、选择目标市场、确定和开发产品、产品定价、分销、促销、提供服务以及各项之间的有机配合。

### 3. 市场营销管理

市场营销管理主要是指企业发现、分析、选择和利用市场机会的管理过程。市场营销管理的本质是需求管理，市场营销管理的任务是刺激、创造、适应及影响消费者的需求。具体来说，市场营销管理的过程包括以下内容：

（1）理解市场和客户的需要；

（2）制定以客户为导向的营销策略；

（3）建立并传递高价值的营销方案；

（4）建立可赢利的关系和创造客户愉悦感；

（5）创造利润和顾客权益。

### 4. 创业营销人员需要具备的基本能力和素质

（1）要有吃苦耐劳的精神和坚韧不拔的毅力。古人云：“吃得苦中苦，方为人上人。”这句话告诉我们，做任何事情，吃苦才能成功。创业是艰苦的，经历风雨才会见到彩虹。

（2）要有正直的人品。作为营销人员，产品就是人品，做生意要先会做人，诚信做人，诚信经营。“人品”决定着创业是否走得长远，决定创业者在商圈中是否能树立良好的形象，决定公司在业界是否能拥有良好的口碑。

（3）要有细致、扎实、务实的工作作风和较高的市场灵敏度。对营销人员，基础工作是关键。只有认真细致、扎实地做好每一位客户的营销和每一个市场的基础工作，才能对市场拥有较高的灵敏度，经营好客户和市场。

（4）在营销过程中巧妙组合与运用大脑、眼、腿、嘴的功能。用腿“跑”市场，深入一线；用眼“跑”市场，发现商机；用脑“跑”市场，进行信息归类、分析和判断，然后制定营销策略和价格；用嘴“跑”市场，和客户真情交流。只有这样周而复始、锲而不舍地做好工作，才能经营好市场，经营好客户，找到和抓住市场中的“空白点”。而脑、眼、腿、嘴彼此如何有机地结合也是营销工作能否做好的关键。

（5）要有足够的专业知识、法律法规知识和丰富的社会知识、人文知识。只有平时认真地学习和积累各类知识，才能用营销的思维对市场作出判断，做出出奇制胜的营销策划方案，将营销活动做好。

（6）要有较强的团队精神。俗语说：“一个好汉三个帮，一个篱笆三个桩”。随着全球经济一体化进程的加快，市场竞争日趋激烈，市场环境更加复杂多变，这就要求营销人员在面对市场时不能孤军奋战，而要众志成城，团结奋进。团队精神有利于信息互补、经验互补、客户互补。只有团结起来，才能在市场中搏击风雨，搏击对手。

## 6.4.2 市场机会与市场定位

### 1. 市场机会的寻找和评估

#### 1）发掘市场机会

市场机会，指的是市场上存在的尚未满足或尚未完全满足的需求。那么新创企业应如何寻找和发现市场机会呢？企业寻找和发现市场机会需建立完善的市场营销信息系统，并开展经常性的调查研究工作。

（1）可以通过阅读报刊资料、现场观察、召开各种类型的调查会议、征集有关方面的意见和建议、分析竞品等形式，寻找和发现市场机会；

（2）可以以产品或业务的战略规划中所使用的分析评价方法为工具，或以发展新业务的战略方法为思路，结合实际寻找产品业务增长与发展的机会；

（3）可以利用市场细分的方法，构建和发现未满足的需求与有利的市场机会。

通过上述方法，企业一般可以寻找到许多市场机会。

#### 2）评估市场机会

因为并非每一种市场机会都能成为企业有利可图的机会，所以必须对发现的市场机会进行认真评估。正确地分析、评价、选择和利用市场机会，可以使一个企业走向繁荣，反之，则会使企业错失良机，甚至导致企业营销的失败。

企业在评估市场机会的过程中主要应考虑的问题有：

（1）分析和评价是否与企业的任务、目标及发展战略一致，一致则可以初步决定利用，反之可以决定调整战略或放弃该机会。

（2）分析和评价差别利益。某种市场机会能否成为一个企业的市场机会，还要看企业是否具备利用这一机会经营这项事业的条件，以及是否在利用这一机会经营这项事业上比潜在的竞争者具有更大的优势，从而享有较大的差别利益。企业应选择那些与自己的资源能力一致、享有较大差别利益的市场机会作为自己的企业机会。

（3）分析和评价销售潜量。首先要深入了解购买这种产品的人群，顾客愿意花多少钱购买，顾客分布在什么地方，需要什么样的分销渠道，有哪些竞争者等情况；然后分析每一种市场机会的市场规模、市场容量以及销售增长率；最后还要对本企业产品可能的销售量、市场占有率等作出预测。

（4）进行财务可行性分析。经过上述分析和评价的市场机会，企业的营销、制造、财务等部门还要对其进行财务可行性分析，即估算成本、利润等，以便对其做出最后的评价和选择。

### 2. 市场的选择与定位

#### 1）市场细分

市场细分（Market Segmentation）是企业根据消费者需求的不同，把整个市场划分成不同的消费者群的过程。市场细分的目标是为了聚合，即在需求不同的市场中把需求相同的消费者聚合到一起。著名学者兰晓华认为，市场细分有两种极端的方式：完全市场细分与无市场细分。

（1）完全市场细分。完全市场细分就是市场中的每一个位消费者都单独构成一个独立的子市场，企业根据每位消费者的不同需求为其生产不同的产品。理论上说，只有一些小规模的、消费者数量极少的市场才能进行完全市场细分，这种作法对企业而言是不经济的。尽管如此，完全细分在某些行业，如飞机制造业还是大有市场的，而且近几年开始流行的“订制营销”就是企业对市场进行完全细分的结果。

（2）无市场细分。无市场细分是指市场中每一位消费者的需求都是完全相同的，或者是企业有意忽略消费者彼此之间需求的差异性，而不对市场进行细分。

就消费者市场而言，细分变量归纳起来主要有地理环境因素、人口统计因素、消费心理因素、消费行为因素、消费受益因素等。这样就有了地理细分、人口细分、心理细分、行为细分、受益细分这五种市场细分的基本形式。

#### 2）选择目标市场

目标市场，是指企业在对整体市场进行细分的基础上，根据自身条件、市场环境、经营宗旨等标准对不同的细分市场进行评估后，准备进入的细分市场。企业想要获取自己在行业市场领域中的地位及影响力，选择目标市场和经营模式的过程是必经之路。企业要想正确地选择目标市场战略，需要结合自身的发展状况和整个市场营销的环境状况。一般来说，有以下三大目标市场战略：一是无差异目标市场战略；二是差异目标市场战略；三是集中性目标市场战略。

企业在选择目标市场战略时需要注意的影响因素有：

（1）企业自身能力和条件；

（2）产品或服务特征；

（3）市场供应环境；

（4）消费者对产品差异的需求情况；

（5）产品生命周期；

（6）市场竞争状况。

企业进行目标市场选择的方法如图 6-3 所示。

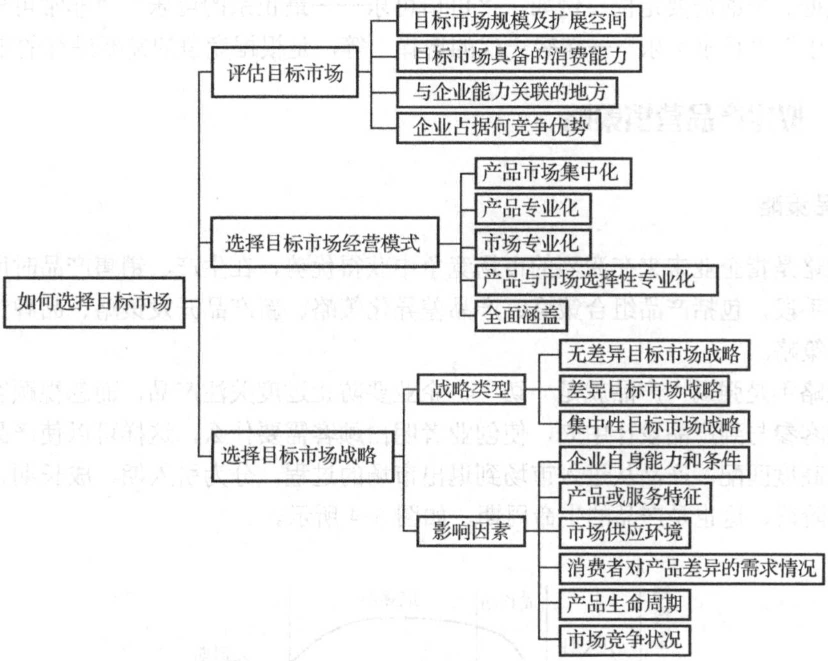


图 6-3　目标市场选择的方法

3）市场定位

市场定位又称为产品定位或竞争定位。企业根据竞争者现有产品在市场上所处的位置，针对消费者或用户对该产品某种特征或属性的重视程度，塑造出本企业产品与众不同的个性或形象。企业将这种形象生动地传递给顾客，从而使该产品在市场上拥有适当的位置。简而言之，市场定位就是在客户心目中树立独特的形象。

企业市场定位可以采取以下方法：

（1）根据具体的产品特点定位。构成产品内在特色的许多因素都可以作为市场定位的依据，如产品的成分、材料、质量、价格等。“沃尔玛天天低价，始终如一”是根据服务的价格低来定位；“零度可乐”的定位是“零度”，强调可乐成分不含糖；“农夫山泉，有点甜”的定位是“健康，纯天然”。

（2）根据使用者类型定位。指企业通过明确指出其产品适用者并借助使用者代表进行劝说，达到吸引目标消费者从而实现定位的方法。例如，一家新创企业网络化妆品专卖店，可以将目标市场集中在某一女性群体，并明确她们的年龄、职业、兴趣爱好、社会地位、地理区域等以此对市场进行定位。

（3）根据顾客得到的利益定位。利益定位法是指以产品能带给消费者的独特利益为基点的定位方法。如果某一产品具有特别的功能，能够给消费者带来特别的利益，满足消费者特别的需求，那么这一产品的差别化利益就可以作为市场定位的一个有力武器。我们经常可以听到这样的广告词“咳嗽，请用急支糖浆”“困了累了，喝东鹏特饮”“怕上火，喝加多宝”等，这些宣传都是以产品利益为核心的。可见，在消费者的理性消费选择中，产品利益是一个不可忽视的因素。

（4）根据产品特定的使用场合和用途定位。例如，“格兰仕微波炉——家庭中的小厨房”“亚都加湿器——给皮肤喝点水”等，是根据产品的使用场合及功能进行的定位。

（5）根据竞争的需要定位。例如，“可口可乐——最正宗的可乐”“非常可乐——中国人自己的可乐”“百事可乐——年轻一代的选择”等，是根据竞争的需要进行的定位。

## 6.4.3 拟定产品营销策略

### 1. 产品策略

产品策略是指企业未来在激烈的市场竞争中获得优势，在生产、销售产品时所运用的一系列措施和手段，包括产品组合策略、产品差异化策略、新产品开发策略、品牌策略以及产品生命周期策略。

产品策略不是强调“产品就是一切”，企业要防止过度关注产品，而忽视顾客的价值。企业应让顾客参与到产品设计中来，使创业者明白顾客需要什么，这样可以使产品或服务与顾客的需求高度匹配。产品从进入市场到退出市场的过程，分为引入期、成长期、成熟期和衰退期四个阶段，这也是产品的生命周期，如图 6-4 所示。

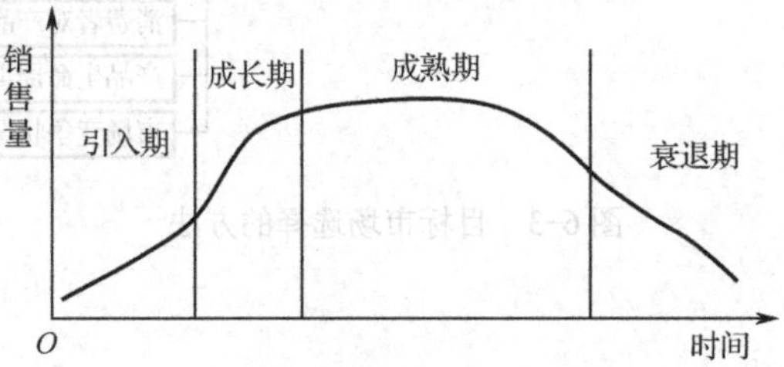


图 6-4　产品生命周期的四个阶段

产品生命周期阶段的划分，以产品销售额增长曲线的拐点为标志。每个阶段的产品特点对应着不同的营销策略，如表 6-8 所示。

表 6-8　产品生命阶段的特征

| 特征类别 | 引入期 | 成长期 | 成熟期 | 衰退期 |
|---|---|---|---|---|
| 产品特征 | 处于实验阶段，质量没有标准，缺乏稳定设计 | 产品的可靠性、质量、技术性和设计产生差异 | 标准化产品 | 产品范围缩小，质量不稳定 |
| 销量特征 | 小 | 剧增 | 最大 | 下降 |
| 利润特征 | 亏损 | 提升 | 最大 | 减少 |
| 生产量特征 | 小 | 扩大 | 增加 | 萎缩 |
| 消费者特征 | 创新者 | 广大潜在购买者 | 广大购买者 | 少量购买者 |
| 竞争者特征 | 少 | 增多 | 稳中有降 | 减少 |
| 营销目标 | 建立知名度，鼓励试用 | 最大限度地占有市场 | 保护市场，争取最大利润 | 压缩开支，回收资金 |

### 2. 价格策略

价格策略是指企业通过对顾客需求的估量和成本分析，选择一种能吸引顾客、实现市场营销组合的策略。价格通常是影响交易成败的重要因素，同时又是市场营销组合中最难以确定的因素。企业定价的目标是促进销售，获取利润。一个新产品上市，从立项到产品正式进入市场，一般要经过市场调研、产品研发、包装物设计、成本核算、市场检测、开票销售等重要步骤。虽然说产品定价并没有形成一个独立的环节，但这一步却是决定着产品命运最重要的一步。新产品的定价策略主要有以下三种类型。

1）撇脂定价策略

撇脂定价是指在产品生命周期的最初阶段，把产品的价格定得最高，以赚取最大利润，犹如从鲜奶中撇取奶油。各类消费者由于收入不同，消费心理不同，因而对产品有不同的需求，特别是对新产品。有求新心理的消费者总是愿意尝试新产品，有些购买者还会主观地认为新产品具有很高的价值。企业充分利用消费者的心理特点对产品进行撇脂定价，是一种聪明的定价策略。

2）渗透定价策略

渗透定价表现为企业将新产品的价格定得相对较低，以吸引大量购买者，提高市场占有率。或者将新产品价格定得低于竞争者的价格，积极竞销，以促进销售、控制市场。例如，戴尔公司采用市场渗透定价法，通过低成本的邮购渠道销售高质量的电脑产品。这样一来，它们的销售量直线上升，而此时通过零售店销售的IBM、康柏、苹果和其他竞争对手根本无法和它们的价格相比。这种方法可以以低价格换取高销售量，高销售量使成本更低，从而始终保持较低的定价。

3）满意定价策略

满意定价策略是一种介于撇脂定价策略和渗透定价策略之间的定价策略。其所定的价格比撇脂定价价格低，比渗透定价价格高，是一种中间价格。由于这种定价策略能使生产者和顾客都比较满意而得名。有时它又被称为“君子价格”或“温和价格”。

### 3. 分销渠道策略

分销渠道是指某种产品和服务在从生产者向消费者转移的过程中，取得这种产品和服务的所有权或帮助所有权转移的所有组织和个人。当前常见的分销渠道有以下三类。

1）网上销售

网上销售是指企业借助于因特网、通信技术和数字交互式媒体将产品销售给中间商或消费者。随着智能手机、平板电脑等新型终端的普及，各种手机应用软件通过网络迅速传播开来。“微信”是腾讯公司2011年初推出的一款智能手机应用软件，在短短几个月内实现用户量过亿，成为手机App市场下载量最大的应用软件之一。在带来大量广告收益的同时，微信也因其区别于一般网络媒介的特点为企业的网络营销提供了一种新的渠道。

2）直接销售渠道

直接销售渠道也叫零级渠道，是指生产商通过推销员、直销员、直营店、专卖店、会议营销等直接销售形式，将产品或服务直接销售给消费者。

3）间接销售渠道

间接销售渠道是指生产者通过流通领域的中间环节把商品销售给消费者的渠道。基本模式为：生产者——中间商——消费者。中间商的介入，分担了生产者的经营风险。借助于中间环节，可增加商品销售的覆盖面，有利于扩大商品的市场占有率。但中间环节太多，也会增加商品的经营成本。间接渠道包括经销商、代理商、批发商、零售商等渠道。

影响分销渠道设计的因素有很多。企业、顾客、产品、中间商、环境等都可能对分销渠道的选择产生一定的影响。新创企业对这些因素做综合考虑之后，可以结合产品或服务的特点以及相应的影响因素选择分销渠道，如电话销售、邮购销售、直销、自动售货等。

**4．促销策略**

促销策略是指企业如何通过人员推销、广告、公共关系和营业推广等各种促销方式，向消费者或用户传递产品信息，引起他们的注意和兴趣，激发他们的购买欲望和购买行为，以达到扩大销售的目的。企业应整合各种促销手段，在不同时期针对不同的产品采用适宜的策略，以达到最好的促销效果。企业常用的促销方式有以下四种。

1）广告促销

广告促销指运用各种途径和方式，将产品的质量、性能、特点、便利性等进行诉求，唤起消费者的消费欲望，从而达到销售目的。

创业者要充分利用各类广告媒体。不同广告媒体的特点如表 6-9 所示。

**表 6-9　不同广告媒体的特点**

| | | |
|---|---|---|
| 报　纸 | 优点 | 宣传面广、传播迅速、费用低廉 |
| | 不足 | 接触时间较短、单调呆板、不够精美 |
| 杂　志 | 优点 | 专业性强、针对性强、便于保存、印刷精美 |
| | 不足 | 发行周期长导致时效性差、篇幅小、专业性强的杂志覆盖面窄 |
| 电　视 | 优点 | 形象生动逼真、表现手法多样、感染力强、可重复播放 |
| | 不足 | 费用昂贵、播放时间短促、广告印象不深、播放节目容易分散对广告的吸引力 |
| 广　播 | 优点 | 制作简便、传播速度快、覆盖面广、接近生活、灵活多样 |
| | 不足 | 有声无形、印象不深，转瞬即逝、难以记忆，广告的注意力不够集中 |
| 网　络 | 优点 | 互动性强、有针对性，可支配性强、信息量大、灵活度高，效果易监测 |
| | 不足 | 创意空间较狭小 |

为提升广告投放率，实现效益最大化，广告促销可采用以下策略：

（1）盯住目标人群及其关注时间。广告放置在有需求的人目光会被吸引的地方才能产生应有的效果，同时注意在正确的时间投放合适的广告。

**实例**：日本大阪的新电机日本桥分店，有个独特的广告妙术——每逢天气下雨时，店员们马上把雨伞架放置在该店门口，每个伞架上有三十把雨伞，伞架上写着“亲爱的顾客，请自由取用，并请下次来店时带来，以利其他顾客。”未带雨伞的顾客顿时愁眉舒展，欣然取伞而去。当有人问及，如顾客不将雨伞送回怎么办？经理回答说：“这些雨伞都比较廉价且伞上都印有新电机的商标。因此，即使顾客不送回也没关系，就是当做广告也是值得的。这对商店来说，是惠而不费的美事。”

（2）简单才有效。广告要以最简单的方式投放，“简单”是指一定要有一个简单的记忆点。如 20 秒的时间投放一则广告，不如直接将 5 秒的广告放上四次，简单的内容重复四次，观看者的记忆点被强化了四次，比一则广告的单次投放效果要好得多，如“脑白金”的广告。

（3）传播媒体多样化。要突出广告投放的组合效应，要根据时机选择最适合的宣传手段。如产品刚上市时投入的广告类型可以是专题片，如一段 30 秒的品牌宣传广告视频。但在产品具备一定知名度后，广告形式的选择就要更加深入了，如网络广告、微信广告等。

（4）风格统一，切中要害。广告的目的是销售产品，而不是过分追求美感。广告要切中市场热点和社会关注点，打动消费者内心，让消费者留下深刻印象。

（5）避免雷同，又不失风格。广告的第一目标是吸引人。在学习别的优秀广告创意的基础上，还要打造自己的独特风格，不断创新，才可能让消费者记忆犹新。

2）人员推销

人员推销是指企业推销人员直接向消费者推销产品和服务的一种传统促销活动。人员推销的人为性很强，销售效果直接显著，比较适合新面世、性能复杂的创新产品。人员推销的基本形式如表 6-10 所示。

表 6-10 人员推销的基本形式

| | | |
|---|---|---|
| 上门推销 | 形式 | 由推销人员携带产品样品、说明书和订单等走访顾客推销产品，是最常见的推销形式 |
| | 优点 | 可以针对顾客需要提供有效的服务，方便顾客 |
| 柜台推销 | 形式 | 在适当地点设置固定门市，由营业员接待进入门市的顾客，推销产品，是等客上门式的推销方式 |
| | 优点 | 产品种类齐全，能满足顾客多方面要求，为顾客提供较多的购买便利，可以保证产品完好无损 |
| 会议推销 | 形式 | 在订货会、交易会、展览会、物资交流会等会议场合向与会人员宣传和介绍产品 |
| | 优点 | 接触面广、推销集中，可以同时向多个对象推销产品，成交额较大，推销效果较好 |

3）公共关系

作为一种促销手段，公共关系是指这样的一些活动：发布对企业有利的宣传报道，协助企业与有关各界建立和保持良好关系，建立和保持良好的“企业形象”，消除和处理对企业不利的谣言和事件。公共关系的活动方法多种多样，如创造和利用新闻、举行演讲会、开展各种活动、撰写书面材料、录制音像材料以及参与社会活动等。

4）营业推广

营业推广是指能够迅速刺激需求、鼓励购买的各种促销形式。营业推广是通过向顾客提供优惠、让利等措施，刺激消费者需求，进而进行购买。营业推广的目标主要有三类：一是针对消费者，二是针对中间商，三是针对推销人员。针对消费者的营业推广形式有很多，如赠送礼品、赠送代金券、有奖销售、附送样品、交易印花、现场示范、举办竞赛、举办展销会等；针对中间商的推广形式有举办竞赛、交易折扣、给予津贴、举办展销会等；针对推销人员的形式有举办竞赛等。

### 6.4.4 建立完善的营销管理体系

#### 1. 结果管理

在创业企业中结果管理包括业绩评价和市场信息研究两方面。业绩评价包括销售量和回收款的情况、销售报告执行情况、销售费用控制情况、服从管理情况、市场策划情况、进步情况。市场信息研究包括本公司的表现及竞争对手的信息，如质量信息、价格信息、品种信息、市场趋势、客户信息等。

#### 2. 销售计划管理

销售计划管理的核心是销售目标在各个具有重要意义方面的合理分解，包括品种、区域、客户、业务员、结算方式等。通过销售目标的分解可以检验目标的合理性和挑战性，以便发现问题后及时调整。合理且实事求是的销售计划在实施过程中能够反映市场危机和市场机会，同时，严格地开展销售计划管理工作，也是确保销售工作高效有力的关键。

#### 3. 客户管理

在创业企业中，客户销售管理的核心任务是热情管理和市场风险管理。调动客户热情和积极性的关键在于利润和前景；市场风险管理的关键在于客户的信用、能力和市场价格控制。客户管理的手段和方法有很多，如客户资料卡、客户策略卡、客户月评卡等。“有思路才会有出路”，客户是营销思路的第一实践者。我们需要选准优质客户，加强对客户的培训，向客户灌输先进的理念及贴近市场的营销思路。只有客户的观念转变了，企业的营销策划才能有效地执行，营销方式才能有所提高。

#### 故事分享 19 “自拍馆”抢抓体验式消费

有过拍艺术照经历的人都会有这样的体会：摄像师在旁边不停地为你指点动作和表情，虽然是为了拍出更美的照片，但是由于和其关系陌生，面部表情容易不自然，动作也容易尴尬，而且照出来的相片经过 Photoshop 软件的修饰，有可能出现失真的情况。在当代都市生活中，自拍正在成为全民娱乐生活的重要部分，越来越多的人对这种自由随性的拍照方式情有独钟。在这种潮流下，“自拍馆”应运而生，并且深受年轻人的喜爱。95 后大学生路璐就通过“自拍”创业成功了。

2016 年 3 月，路璐开了“咔嚓自拍馆”，她自己设计了一个影棚。棚内有专业灯光、相机、屏幕、遥控器，自拍者可以通过大屏幕看到自己，摆出满意的动作后按下遥控器拍摄，记录自己的美丽一刻。“自拍馆”还为自拍者准备了很多服装，让客人选择自己最满意的造型进行拍照。在创业初期因人手不够，她一人要兼任多职，有时还要为客人打灯光。

除了自拍业务，路璐还开设了室外拍摄、礼服租借等业务。对一些不懂的知识技术，她还会跑到外省进行学习研究。当创业之路走上正轨后，她的三个室友也加入创业团队，四个人相互帮助，一起经营这家店。

**启示：**（1）现在，产品的差异化越来越小，要想让消费者感受到产品的特殊之处，只有通过使顾客亲自参与在其中，才能让顾客快速接受产品。

（2）自拍馆利用顾客可以亲自体验、亲自参与的形式，让顾客能第一时间了解自拍馆所提供的服务，并且还能通过设定的场景，在顾客消费前，就先体验到产品的效果。自拍馆采用了体验式营销模式，而这个模式也是自拍馆创业成功的关键之处。

扫一扫下载阅看案例：
憨人精神——文艺青年
雷军以及庞大的雷军系

## 技能训练 6

**实训目的：**

（1）学习并了解营业执照的申请过程。

（2）学会运用市场营销知识分析、解决企业营销中的实际问题。

（3）学会运用风险管理知识分析、解决企业风险管理中遇到的实际问题。

**实训项目：**每个创业小组根据所选的创业项目进行风险分析并撰写营销策略。

**实训要求：**每个创业小组根据所选的创业项目通过头脑风暴的方法进行集体讨论，形成小组发言报告，并派代表进行陈述。

# 学习情境7

## 创新——互联网与创业

**创业导师语录**　在互联网大潮涌动的背景下，“互联网+”已成为中国的全民现象，国家相关部门也对“互联网+”给予了高度重视，并将“互联网+”提升到了国家战略层面。中国已进入“互联网+”时代，深刻、全面、正确地理解“互联网+”的实质，有利于大学生树立正确的创业观，把握机会，准确定位，成功创业。

**情境导入**　现在“互联网+”的发展势头这么猛烈，曲歌的创业团队也想乘着互联网思维的东风，搭上“互联网+”的便车，从而获得更好的发展，但是应该从何下手呢？怎样使团队设计的创业项目与互联网接轨而结出丰硕的果实呢，大家的心里都有些疑惑。工欲善其事，必先利其器。先从了解、学习“互联网+”的知识开始吧。

曲歌这个阶段要做的主要工作是：

（1）认识“互联网+”的内涵；

（2）认识“互联网+”商业模式；

（3）认识微创业模式。

理论
阵营

# 任务 7.1 “互联网+”的特点与经济模式

## 7.1.1 “互联网+”的含义与特点

### 1. “互联网+”的含义

随着互联网技术的飞速发展，“互联网+”开始进入人们的视野。“互联网+”的概念由国务院总理李克强在 2015 年十二届全国人大三次会议政府工作报告中首次提出，并指出“互联网+”行动计划。

“互联网+”就是“互联网+各个传统行业”，指利用信息通信技术以及互联网平台，让互联网与传统行业进行深度融合，创造新的发展生态。诸如互联网+交通形成“滴滴打车”、互联网+传统集市形成“淘宝”、互联网+传统百货商场形成“京东”、互联网+传统通信形成“微信”和“易信”等。

“互联网+”是一种新的经济形态，即充分发挥互联网在生产要素配置中的优化和集成作用，将互联网的创新成果深度融合于经济社会各领域之中，提升实体经济的创新力和生产力，形成更广泛的以互联网为基础设施和实现工具的经济发展新形态。“互联网+”行动计划将促进以云计算、物联网、大数据为代表的新一代信息技术与现代制造业、生产性服务业等的融合创新，发展壮大新兴业态，打造新的经济发展动力，为大众创业、万众创新提供环境，为产业智能化提供支撑，增强新的经济发展动力，促进国民经济提质增效升级。

**创业小贴士** “互联网+”的关键就是思维、理念、技术、模式上的互联网化，运用互联网推动创业，从而创造新的商业价值。

### 2. “互联网+”的特点

（1）重塑结构。信息革命、全球化、互联网业已打破了原有的社会结构、经济结构、地缘结构、文化结构，权力、议事规则、话语权在不断发生变化。互联网让社会结构随时面对不确定性，社群、分享等理念纷纷涌现，使社会变得更加多元化、个性化，如社群经济等众多新兴经济模式也应运而生。

（2）跨界融合。随着信息化与互联网化的融合，各行各业都开始了重新洗牌，比如手机行业有利用互联网快速崛起的“小米”“乐视科技”；交通行业有将互联网与传统交通融合在一起的“滴滴出行”。跨界会使创新的基础变得更加坚实。

（3）创新驱动。中国粗放的资源驱动型增长方式必须转变为创新驱动型发展，用互联网思维来求变、自我革命，更能发挥创新的力量。在“互联网+”的驱动下，产品个性化、定制批量化、流程虚拟化、工厂智能化、物流智慧化等都将成为新的热点和趋势。

（4）尊重人性。人性是推动科技进步、经济增长、社会进步、文化繁荣最根本的力量，互联网力量强大的根本也来源于对人性最大限度的尊重以及对人的创造性发挥的重视。例如 UGC（User Generated Content）、卷入式营销、分享经济等。

（5）开放生态。在“互联网+”中，生态是非常重要的特征，而生态本身是开放的。推进

“互联网+”，其中一个重要的方向是要把过去制约创新的环节化解掉，把孤岛式的创新连接起来，让创业并付诸努力的人有机会实现自己的价值。

（6）互联互通。这是一个通融互联的时代。“互联网+”的存在，让一切超越时空差距，使组织与用户、人与人之间通过网络相互联通。

“互联网+”最显著的特征与对经济社会的影响是关于结构、连接、交互、关系的重塑，进而影响到模式，“互联网+”打破了以往的信息不对称，重新建立了过去的组织及社会结构。随着国家“互联网+”计划的实施，传统行业将与互联网进行深度融合，以促进传统行业的产业升级，增强经济发展的动力，从而促进国民经济的健康有序发展。

### 7.1.2 “互联网+”背景下的新兴经济模式

在“互联网+”环境下，催生了多种新兴经济模式，常见模式有以下几种。

#### 1. 草根经济

草根一般指基层民众、普通老百姓或零起点的创业者。草根经济，指满足“草根人士”各种需求的经济活动。其特点为：

（1）顽强。有一种“野火烧不尽，春风吹又生”的生命力。

（2）广泛。草根遍布每一个角落，全民参与是互联网时代的经济特质，由于门槛低，所以通常也被称为草根经济。

#### 2. 社群经济

社群经济是指互联网时代，一群有共同兴趣、认知、价值观的用户抱成团，发生群蜂效应，通过互动、交流、相互协作和感染，对产品品牌本身产生反哺的价值关系。

这种建立在产品与粉丝群体之间的情感信任与价值反哺共同作用形成的自运转、自循环的范围经济系统即为社群经济。产品与消费者之间不再单纯是功能上的联结，消费者开始在意附着在产品功能之上诸如口碑、文化、魅力、人格等灵魂性的东西，从而建立情感上的无缝信任。

早期的社群经济以兴趣为中心形成松散的组织形式，由于缺乏无缝的联结方式，那时的人们更多是精神层面的社群，只有很少一部分人才能通过社群获得经济上的成功。而现在，微博、微信让企业家、官员、年轻人、创业者都感受到了互联网的魔力，企业 2.0 开始出现高速增长，政府 2.0 开始加速前进，社会要素的组织形式和专业模式开始新一轮的创新再造，社群经济成为改变中国未来的新经济模式。有社交的地方就有人群，有人群的地方就有市场。企业可以在社群经济的生态链条中做其中的一部分，也可以自己构建生态圈，生态内组织模式和组织关系的场景创新使整个经济体系产生了重大变革。

#### 3. “粉丝”经济

“粉丝”经济泛指架构在“粉丝”和被关注者关系之上的经营性创收行为，是一种通过提升用户黏性并以口碑营销形式获取经济利益与社会效益的商业运作模式。以前，被关注者多为明星、偶像和行业名人等，比如，在音乐产业中的“粉丝”购买歌星专辑、演唱会门票以及明星所喜欢或代言的商品等。现在，互联网突破了时间、空间上的束缚，“粉丝”经济被宽泛地应用于文化娱乐、销售商品、提供服务等多个领域。商家借助一定的平台，通过某个兴趣点聚集朋友圈、“粉丝”圈，给“粉丝”用户提供多样化、个性化的商品和服务，实现赢利。“粉丝”经济的雏形如“六间房秀场”，其草根歌手在实时演艺过程中积累了大量忠实“粉丝”，“粉丝”通常会通过购买“鲜花”等虚拟礼物来表达对主播的喜爱。

“粉丝”经济的特点是以情感作为消费驱动，这样的方式效率高、费用低。它的产生为音乐、影视等娱乐行业指明了客户所在。业内人士普遍认为应区分客户和用户，并差异化地对这两个群体进行服务。行业内部期待“粉丝”经济可以改变近年来收入低迷、新人和新作品匮乏的现状。

### 4. 网红经济

网红，网络红人的简称。网红经济是以一位年轻貌美的时尚达人为形象代表，以红人的品位和眼光为主导，进行选款和视觉推广，在社交媒体上聚集人气，依托庞大的“粉丝”群体进行定向营销，从而将“粉丝”转化为购买力的过程。

在网红经济渐渐兴起时，淘宝平台上已经出现了以“莉家”和“榴莲家”为代表的网红孵化公司。这些孵化公司原本是比较成功的淘宝商家，在与网红的合作中，网红们负责和“粉丝”沟通、推荐商品，孵化公司则将精力集中在店铺日常运营和供应链建设及设计上。

这种强强联手的模式已经体现出了威力。比如手握“呛口小辣椒”“管阿姨”等知名网红的“莉家”，除了打造出一个个皇冠淘宝店铺外，还吸引到了风险投资的关注。

### 5. 分享经济

分享经济，是指个人、组织或者企业，通过社会化平台分享闲置实物资源或认知盈余，以低于专业性组织者的边际成本提供服务并获得收入的经济现象，其本质是以租代买，资源的支配权与使用权分离。分享经济强调的两个核心理念是“使用而不占有”和“不使用即浪费”。

“互联网+”时代中分享经济成为新潮流，利用移动互联网、大数据等技术进行资源匹配，整合重构闲置资源，降低消费者购买成本，并最终打破原有的商业规则及利益格局。消费者基于分享理念的应用和参与，使大众在分享中受益。近年出现的自行车共享平台提供即时用车服务，比如“滴滴出行”是分享经济的典型代表之一。

在国内，随着互联网的发展，以及近年来“互联网+”行动计划和“大众创业、万众创新”的推进，分享经济成为众多创业者的重要选择。从在线创意设计、营销策划到餐饮住宿、物流快递、资金借贷、交通出行、生活服务、医疗保健、知识技能、科研实验，分享经济无处不在。可以说，分享经济已经几乎渗透到所有的领域。

#### 故事分享 20　身边故事告诉你什么叫“分享经济模式”

有个开面馆的老王，他做的面很好吃。有个经常来面馆吃面的食客小陈，小陈几乎每个月都会来面馆吃面。突然有一天老王对小陈说：“同学你好，我叫老王，是这家面馆的老板，你觉得我家面馆的面好不好吃呢？”小陈说：“好吃啊，我很喜欢。”老王：“既然好吃，那我想和你谈一个合作计划，你愿意跟我合作吗？”小陈说：“先听听看是怎样的合作呢？”老王：“合作计划是这样的——你既然这么喜欢吃我家的面，那么从今天开始我正式邀请你成为我老王面馆的合伙人。你和你以前一样，照例来吃面。我给你打七折，如果有朋友问你哪里的面好吃，你要记得帮我讲一句话‘老王面店的面最好吃，你报我小陈的名字可以打七折。’报你名字来吃面的朋友，每吃一碗，我奖励你 1 元，他们再推荐朋友来吃面，每吃一碗，我奖励你 0.5 元。”小陈说：“好啊”。于是小陈下月就介绍了一些朋友来吃面。到了月底，老王对小陈说：“因为你这个月的介绍，本店生意兴隆，他们一共来本店吃了 2 000 碗面！这是按约定给你的 1 800 元！”小陈觉得好棒，平时我只是来吃吃面的，现在能吃到这么好吃的面条的同时还能赚外快，真的好赞。

过了段日子，小陈要准备考试了，这个月他很忙，没有时间去帮老王介绍人来面馆了，但是忙里偷闲他还是会来面馆吃面，和大家聊聊天。有一天，老王拉着小陈，递给他 6 000 元，小陈很诧异，坚决不收这钱，这时老王说道：“你上次介绍的那些朋友啊，他们吃了面后，感觉味道确实不同于其他面馆，从那以后他们经常光临，并且也介绍他们的朋友来吃，我同样也给他们奖励了。这些是你应得的，当初多亏你介绍，我的面馆才会有现在这么兴隆的生意啊。”小陈竟感激地说不出话来，从此之后，小陈就和老王的面馆长久地合作下去了。（来源：http://www.sohu.com/a/164652958_771875）

**启示：**（1）分享经济的核心是互助互利。（2）资源过剩是一切分享经济的根基，共享平台是介质，按需分配是手法，获得回报是结果。

扫一扫下载阅看案例：草根经济的三大痛点

### 7.1.3 “互联网+”时代下大学生创业的机遇与挑战

在“互联网+”时代，大学生创业指的是大学生顺应“互联网+”的趋势，研究新形式、拓展新领域、采用新技术，在充分了解创业主客观环境的条件下，进行自主创业的一系列活动。

#### 1. 大学生创业的机遇

1）国家高度重视大学生通过“互联网+”创业

从创业政策看，国家从中央到地方都鼓励大学生创业并提供政策支持。在“互联网+”战略下，党和政府出台扶持大学生创业政策的频率加快，发布主体由以前的几个部门增加到目前的十几个部门，大学生的创业环境得到了进一步优化。从财政政策支持看，国家对创业的财政支持数额大幅度增加，拓宽了大学生创业的融资和投资渠道，因此大学生创业不怕没有门路了。

2）“互联网+”构建了大学生创业的平台

中国是人口大国和信息应用大国，拥有全球第一的网民数量和海量的数据资源。随着网络基础设施的不断完善以及智能终端互联网应用的不断普及，互联网与经济社会深度融合，互联网经济产业发展红利日趋凸显；互联网激发了人们的创业潜力和热情，让创业者获取信息资源变得更加便捷。互联网已成为世界一级的经济交流平台，通过互联网也产生了许多新兴经济模式，比如以上提到的粉丝经济、网红经济、社群经济、分享经济等。互联网作为一种方便、快捷的新生事物也愈发吸引了大学生的眼球，不但为其创新灵感的激发提供了契机，也提供了更加广阔的创业机会。

3）“互联网+”给大学生创业提供了更多的资源

目前，大学生创业遇到的困难是缺乏资金、经验不足、社会阅历不够等。而通过互联网，大学生可以将自己的创意、产品及好的创业项目进行展示，吸引来自全国各地甚至国外的投资者和志同道合的优秀创业者，从而扩宽自己的融资途径，甚至能通过互联网组建技能互补的优秀创业团队，解决资金缺乏和经验不足等问题。现在很多互联网公司陆续推出许多创新创业扶持活动，为初创企业提供技术或资金支持。

#### 2. 大学生创业面临的问题与挑战

互联网时代的创业者，都想利用“互联网+”的概念进行创业，但是很多人还不清楚“互联网+”的真正含义，该“+”什么？在“互联网+”时代，大学生创业所面临的挑战主要是：缺乏成熟的创业项目、“互联网+”创业经验和动力不足、心智不成熟导致创业难坚持、众筹的应用尚待完善、大学生创业实践活动较少且生命周期短、缺乏互联网创业核心技术等。

#### 3. 大学生创业的对策

1）弥补创业经验，激发大学生创业激情

大学生刚刚创业，经验较为缺乏，社会资源较少。大学生可以积极参加学校开办的创业课程，培养互联网思维，思考感兴趣的领域，观察创新方式和创业渠道，向创业导师、优秀创业者学习，激发创业信心和热情。

2）激发创业灵感，从参与“互联网+”创新创业大赛入手

为激发创业兴趣，大学生可以参加各种各样的“互联网+”创新创业大赛，以此激发灵感，结交创业伙伴，通过比赛认识团队意识和分工合作，提高创业素质。

3）多渠道筹集创业资金

互联网创业的启动资金除了可从家庭资助、银行贷款、政府支持、风险投资中获得，还可以通过天使投资等渠道获得。

## 任务 7.2 认识“互联网+”商业模式

### 7.2.1 商业模式的概念与分析工具

#### 1. 什么是商业模式

哈佛商学院教授克莱顿·克里斯坦森认为，商业模式就是如何创造和传递客户价值以及公司价值的系统。它包括四个环节：客户价值主张、赢利模式、关键资源和关键流程。通俗地讲，第一，你能给客户带来什么价值；第二，给客户带来价值之后你怎么赚钱；第三，你有什么资源和能力实现前两点；第四，你如何实现前两点。

商业模式指为实现客户价值最大化，把能使企业运行的内外各要素整合起来，形成一个完整的高效率的具有独特核心竞争力的运行系统，并通过最优实现形式满足客户需求、实现客户价值，同时使系统达成持续赢利目标的整体解决方案。简单理解就是企业生存和持续发展的一种运行模式。

互联网商业模式就是指以互联网为媒介，整合传统商业类型，连接各种商业渠道，是具有高创新、高价值、高赢利、高风险的全新商业运作和组织构架模式，包括传统的移动互联网商业模式和新型互联网商业模式。

互联网商业模式包括PC互联网商业模式和移动互联网商业模式。PC互联网商业模式是通过入口级产品获取用户，把控网络流量，最后通过流量变现来获取赢利。移动互联网商业模式是在碎片化的时间里，通过极致的产品和服务来获取用户，把用户变成自己的“粉丝”，然后通过跨界整合资源来为用户提供更好的用户体验，最终提高用户的收入均值，形成有黏性的用户平台后再寻找赢利模式。

#### 2. 商业模式画布

好的商业模式需要通过科学的工具和正确的方法进行分析和拆解，再经过多次整合优化得出结果。为了更快、全面地分析一个商业模式，创业者需要用具有弹性的工具来描述并分析自己的创意。创业者可以利用商业模式画布这一工具来描述和分析企业、组织和个人如何创造价值、传递价值、获得价值。

商业模式画布由9个方格组成，每一个方格都代表着成千上万种可能性和替代方案，创业者需要做的就是找到最佳的那一个。商业模式画布的具体内容如下：

（1）客户细分——目标用户群，一个或多个集合。

（2）价值主张——客户需要的产品或服务，商业上的痛点。

（3）渠道通路——创业者和客户如何产生联系，比如通过实体店、网店、中介等。

（4）客户关系——客户接触到你的产品后，你们之间应建立怎样的关系，一锤子买卖或长期合作。

（5）重要伙伴——哪些人或机构可以给予战略支持。

（6）核心资源——你必须拥有的资源，如资金、技术、人才等。

（7）关键业务——商业运作中必须要从事的具体业务。

（8）收入来源——创业者将怎样从价值中取得收益。

（9）成本结构——创业者需要在哪些项目中付出成本。

商业模式画布是一种能够帮助团队催生创意、降低猜测、确保目标用户、合理解决问题的工具。商业模式画布使得商业模式可视化，并可使用统一的语言讨论不同的商业领域。商业模式画布不仅能够提供更多灵活多变的计划，而且更容易满足用户的需求。更重要的是，它可以将商业模式中的元素标准化，并强调元素间的相互作用。

### 7.2.2 互联网主要商业模式

目前互联网商业模式主要分为以下六种。

#### 1. 平台商业模式

平台商业模式是指将供应商和消费者通过平台联系起来，成为连接供给和需求的市场。平台商业模式最核心的功能是作为市场的中介，将市场中的各方资源整合起来，吸附大量的市场信息，快速高效地沟通买卖双方关系，从而促进交易的达成。

平台商业模式有三要素：平台、卖家、买家。平台的利润来源于向卖家收取费用，包括广告费、技术服务费、交易佣金抽成、客户管理费、促销管理费用等。卖家通过提供产品和服务实现赢利。消费者是产品和服务的最终买单者。

**实例**：“天猫”是最大的实物交易平台，“天猫”的佣金是其主要的收入来源；美国的打车软件“Uber”的赢利模式也是收取司机车费的佣金；“优酷视频”靠广告、会员、存储容量等获得利润。

### 2. 免费商业模式

免费商业模式指的是通过向用户提供免费的服务或产品功能来积累流量，再以流量为基础来构建自己的赢利模式，从而创造价值的一种商业模式。企业追求一定利益的本质也注定了没有真正免费的产品，免费的背后也存在着某种赢利模式。

**实例**：奇虎公司推出的“360 杀毒”软件，免费又好用，这使得“360 杀毒”的用户量快速增长；有一些网络游戏是免费的，但是购买道具就要收费；腾讯的“QQ”是免费的，但是“QQ 空间”“QQ 音乐”除了基础服务外的特权都要收费。在这个层面上看，免费也算是一种营销的手段。“百度”借助用户免费使用的搜索引擎沉淀了大量的用户，与它们合作的商家每年要付给它们的广告费用高达几百亿元。

对互联网公司而言，免费让用户体验，获取庞大的用户流量之后，商家价值自然就会体现出来。常见免费模式的赢利方式有以下四种：

（1）交叉补贴。交叉补贴是一种定价战略，是主导运营商运用其市场主导地位进行的一种妨碍竞争的定价行为。交叉补贴的思路是，通过有意识地以优惠甚至亏本的价格出售一种产品，从而以高获利产品补贴亏损产品。例如话费营业厅里的充话费送手机活动。

（2）基础功能是免费的+选择性功能需付费。如视频网站、网络音乐下载、网络游戏等，基础性的功能向用户免费开放，用户可以根据自己的需求进行付费，从而为商家带来利益。

（3）产品免费+渠道收费。手机安全领域的“360 手机卫士”“百度手机卫士”等软件，内存清理以及安全杀毒等功能免费，由此沉淀大量的忠实用户，再通过将各类软件、广告的渠道与用户建立联系，向广告主收取费用。

（4）前期免费+后续收费。如移动文学领域的“起点中文网”“纵横中文网”等，网络上的文学作品前期免费，积累到一定的人气后开始收取费用，向用户提供订阅、打赏等增值服务，由此获取高额利润。

### 3. O2O 商业模式

O2O 是 Online To Offline（在线到离线/线上到线下）的英文简称，指将线下实体店与互联网结合，为线上交易、线下体验消费的商务模式。O2O 主要包括两种场景：一是线上到线下，用户在线上购买或预订服务，再到线下商户实地享受服务，目前这种类型比较多；二是线下到线上，用户通过线下实体店体验并选好商品，然后通过线上下单来购买商品。O2O 商业模式如图 7-1 所示。

O2O 商业模式归纳起来有以下三种：

（1）线上为线下引流，例如“大众点评”“团购网”等，通过线上的流量、信息和产品聚集，给线下合作商家带来客户，线上平台再从中赚取佣金。

（2）线上线下销售渠道并行，这类模式目前有大量传统企业在做，既有实体店铺又有网络店铺。

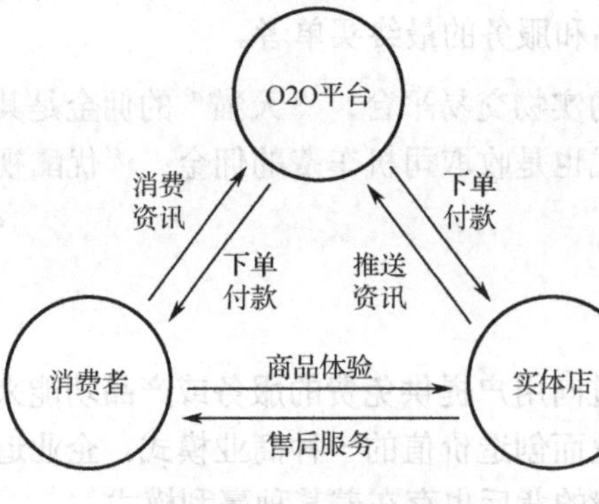


图 7-1 O2O 商业模式

（3）线下为线上导流，即充分利用线下门店的体验优势和线上购物的支付、快递等服务优势，实现“线下体验+线上消费”方式。例如现在很多女性消费者购买服装、箱包类产品，常常到商场试穿某品牌款式，然后记下款式和型号，再到线上购买。

随着互联网的不断发展，谁也不知道未来的生活会是什么样的。未来的商业模式，将会是全新的 O2O 商业模式：线下体验，线上购买，由厂家发货给顾客，顾客将此商品介绍给其他顾客，厂家再返利给顾客，每人都是消费者同时又是销售者。

## 4. “工具+社群+变现”商业模式

互联网的发展，使信息交流越来越便捷，志同道合的人更容易聚在一起，形成社群。同时，互联网将散落在各地星星点点般分散的需求聚拢在一个平台上，形成新的共同需求，并形成了规模。

如今互联网正在催熟新的商业模式即“工具+社群+变现”的商业模式。工具可以作为入口，通过其工具属性、社交属性、价值内容等核心功能，来满足用户的迫切需求，从而过滤后得到大批目标用户，接下来通过社交属性培养出自己的社群，再通过点赞、评论等交互手段，保证用户的活跃度，形成社群以沉淀流量、留存用户。最后，开展变现业务，例如话费充值，售卖电影票、火车票等，实现赢利（变现有五种方式：电商、广告、流量、数据和金融）。“工具+社群+变现”商业模式如图 7-2 所示。

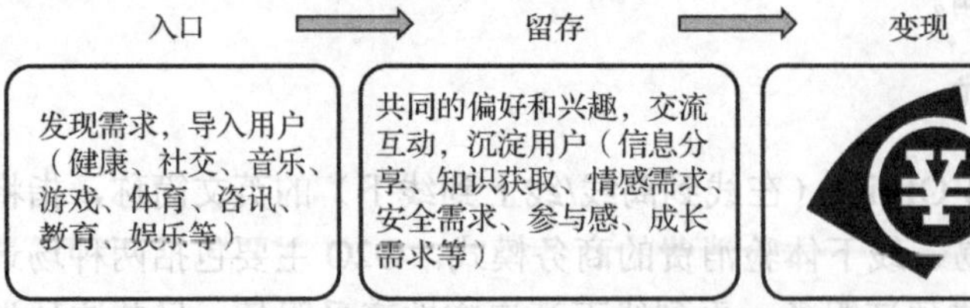


图 7-2 “工具+社群+变现”商业模式

一个典型案例：微信从社交工具开始，逐步加入了朋友圈点赞与评论等社区功能，继而添加了微信支付、精选商品、手机话费充值等各类功能。

## 5. 长尾型商业模式

长尾理论是互联网经济时代下的产物，是 2004 年由美国人克里斯・安德森提出的一种新理论。长尾理论认为，由于成本和效率的因素，当商品储存流通展示的场地和渠道足够宽广，商品的生产成本急剧下降以至于个人都可以生产，并且商品的销售成本急剧降低时，几乎任何以前看似需求极低的产品，只要有人卖，都会有人买，这些需求和销量不高的产品所占据的共同市场份额，可以和主流产品的市场份额相比，甚至更大。长尾型商业模式如图 7-3 所示。

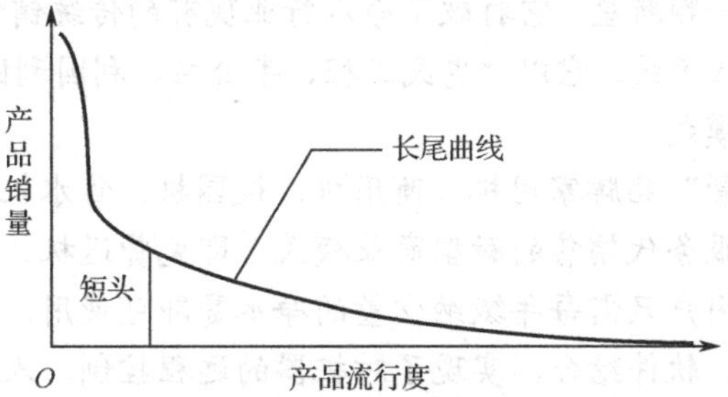


图 7-3　长尾型商业模式

（1）长尾型商业模式的核心是产品多样少量，使小众买家易于获得所需产品，同时商品的平台强大。在线图书商城“亚马逊”就是基于数量庞大的小额非热点商品交易起家的，通过因特网，“亚马逊”可以跨越空间限制，销售电子书，迎接无限的顾客，不需要投入太多的资本，就可以容纳不断增长的销量。这种模式突破了传统零售业的物流限制，用极低的投入资本和运营成本销售几近无限的商品种类，体现了长尾商业模式中的多样少量特点，满足更多用户的需求。

（2）长尾型商业模式是一种高效率的商业模式。工业时代的商业模式是 B2C 模式，它是以商家为核心来推动消费的。而长尾模式的特点是“大规模订制”——以用户为核心的 C2B 模式，根据消费者的需求来生产消费者想要的个性化订制产品，而订制最大的价值在于消灭库存。从传统的大规模生产变为大规模订制，最后走向个性化生产，这样会使效率越来越高。“乐高”玩具就是一个典型案例，“乐高”为客户建立一个长尾社区，将客户引入设计过程，扩宽自己的产品线，并允许客户订制自己需要的乐高积木套件。“乐高”的目标是从传统的大规模生产变成个性化生产，并从大量用户设计中产生效益。

### 6. 跨界商业模式

跨界的本质就是创新，跨界是商业模式的重构过程，通过与不同行业的企业或品牌之间的跨界合作，能够拓展更大的传播空间，开创更大的市场空间。跨界思维的核心是颠覆性创新，是源于行业之外的边缘性创新，很多互联网企业纷纷在传统行业的领域内大展手脚，跨界模式应运而生。

互联网和新科技的发展使很多产业的边界变得模糊，互联网企业的触角已全方位地进入跨界领域，从汽车、手机到服装、饰品等。同时，我们也看到有“奔驰”联合“乔治·阿玛尼”打造 CLK 500 限量版跑车，“LG”联合“普拉达”生产时尚手机，“可口可乐”联合“魔兽世界”进行大规模宣传等跨界合作的出现。

#### 故事分享 21　“互联网+净水”共享经济商业模式的来临

饮用安全、健康的饮用水是全人类的需要，也是饮用水行业和所有健康使者义不容辞的责任。2018 年 1 月 20 日上午，“互联网+净水”共享经济商业模式启动仪式在京南新城固安创业大厦会议中心召开。参加会议的人员有来自全国各地的中小企业家、单位代表和对健康产业感兴趣的爱心人士等近 300 人。

在本次会议上，北京康百科智能科技有限公司发布了“水总管”品牌的“互联网+净水”新产品和新型商业模式并宣布项目正式启动运营，他们勇于创新，敢为行业先。“水总管”产品作为水处理行业的一颗新星，它打破了净水行业现有的传统销售模式，首创“互联网+净水”分享经济新型商业模式。它以“惠民工程、半公益、利国利民”的宗旨为行业导向，拥有着一套独特的商业模式。

本次会议以“水总管”品牌家用机、商用机、校园机、售水机、净水器等系列饮用水设备产品为主，推行以服务代销售的新型商业模式。即免费送机、免费装机、免费换芯、免费维护及售后，终端用户只需每年缴纳少量的净水费即可使用。“水总管”产品的特点是通过科技前沿的硬件、软件结合，实现了对机器的远程控制。人们可通过手机及电脑客户端随时随地查看机器的水质情况和使用情况，并进行相关操作。“水总管”产品管理平台首次开创并搭建了净水行业领域中设备与人相互沟通的桥梁。本模式的特点免除了终端用户购买设备的费用，免除了终端用户无售后服务保障的风险。

**启示：**新的商业模式，优质的产品仍是基础。但不同之处在于，除了产品，服务也成了一个重要的卖点。

扫一扫下载阅看
案例：O2O 模式
与团购的区别

# 任务 7.3　微创业的特点与形式

## 7.3.1　微创业的概念与特点

### 1. 什么是微创业？

微创业，从广义上指的是用微小的成本，在细微的领域中进行创业，它的显著特点是利用微小成本聚焦细微领域。从狭义上理解，它是微平台或网络平台进行创新项目开发的一种创业行为。

大多数微创业是基于创新理念、创新产品、新兴科技，并借助互联网平台进行推广的“微型创业”。网络是微创业的重要载体，是有志于创业的人们的有益探索和尝试。

### 2. 微创业的特点

主要特点：投资微小、见效快、可批量复制或拓展，主要以 PC 网络平台和移动互联网为载体，再与实体进行结合。

目前依托因特网、物联网、云计算形成的微创业已成为大学生喜爱的新型创业方式，他们从微小的方面找到市场，并将之连接到整个社会。微创业被认为是当前大学生就业途径的一种新形态，成为年轻人尤其是大学生创业不可阻挡的趋势，同时对低收入者和有创业想法的工薪阶层也具有指导意义。近年来国家有关部门、企业及高校共同协作积极搭建微创业平台，旨在倡导大学生从微小的市场起步，找准商业机会，利用微博、微信、微商等“互联网+

微平台”的新形式，用微小的成本进行创业，把小事做精，同时也为大学生创业者迈出第一步提供支持和服务。

在“互联网+”时代，创业不再是一座不可逾越的大山，微创业是中国经济未来发展的希望所在，14 亿人中 0.1%的微小需求都潜伏着巨大的市场。在此，创业导师希望更多创业者可以找到合适的创业模式，早日成功创业！

**创业小贴士** 梅赛德斯—奔驰（中国）汽车销售有限公司战略与商业拓展总监戴云章说：“所有的创业都是从微创业开始的，不要害怕，即使创业失败，也是一种财富”。

## 7.3.2 微创业的常见形式

在“互联网+”时代，创业成本被大大地降低，微创业有了巨大的发展空间。下面着重介绍几种基于互联网的微创业形式，不涉及传统线下的微创业。

### 1. 基于“互联网+”的小微企业

小微企业是小型企业、微型企业、家庭作坊式企业、个体工商户的统称。基于“互联网+”的小微企业，不是传统业务+互联网，也不是互联网+传统业务，而是企业在信息化的基础上与互联网深度融合，通过运用互联网思维实现小微企业经营模式、商业模式的创新和变革。“互联网+”就是由一种观念、理论进入到实践成为行动的纲领和行动的计划。“互联网+”中的“+”，概括起来是指突破时间和空间的连接，核心概念就是“全连接”和“零距离”。任何一个行业一旦和互联网相结合，都会产生翻天覆地的变化，比如说服装小微企业，过去是坐等顾客上门选购服装，现在可通过各类平台进行在线营销和推广，实现“电商”+“店商”的新零售模式。

### 2. 利用微平台或网络平台的微创业

利用微平台或网络平台进行新项目创业，强调的是以微平台或网络平台为载体的创业，例如现在很火爆的“微商”。

微商，是继“电商”之后兴起的一种最新的网络商业模式，指基于移动互联网的空间，借助社交软件，以人为中心，以社交为纽带，开展的一系列电商活动。微商=消费者+传播者+服务者+创业者。微商经营的产品主要是一些利润较高的快速消费品，以分销、代购为主，主要通过朋友圈等方式推广产品，使用广告、招商、代理的营销方式赢利。

近年微商逐渐走向行业规范化，微商操作趋于平台化，微商平台包括：微店、微商城、微官网。

1）微店

微店是一种云销售模式，它是将消费者、品牌商和零售商连接起来，共同建设和成长的平台。微店的两个要素是“微店铺”和“微店商户”，消费者通过微店实现精准购物，而商户及店员可通过微店发布促销信息和开展商品咨询，对顾客进行一对一的贴心服务。微店是电子商务创业的新模式，可以说是真正的零门槛。微店具有零成本、支付安全方便、操作简单、客源良好、经营便捷、赢利渠道多等特点，只需利用碎片时间和个人社交圈就可进行营销推广，促成交易。

微店有三类模式，如表 7-1 所示，下面介绍两种主要的模式。

表 7-1　微店的三类模式

| 名　称 | 经营方式 | 典型代表 |
|---|---|---|
| B2C 模式 | 商家直接对接消费者 | 京东微店、口袋微店 |
| C2C 模式 | 多面向个体 | 微信小店 |
| B2B2C 模式 | 以平台品牌为创业者做信用背书，为整个交易过程提供交易担保、正品支持、营销推广、一件代发、系统管理等服务 | 卡乐猫微商城（全民轻创业平台） |

（1）微信小店：微信小店基于微信支付并通过公众号售卖商品，可以实现包括开店、商品上架、货架管理、客户关系维护、维权等功能。通过微信公众号进行后台管理，产品需要上传在微信指定的分类下，无法单独录入品牌，客户对订单付款后，金额将直接打到商家账户上，微信小店页面如图 7-4 所示。

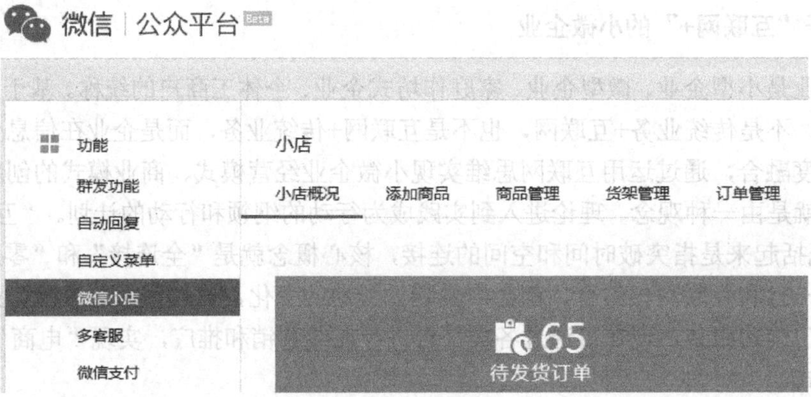


图 7-4　微信小店页面

想做微信小店，必须要满足下面几个先决条件：

① 必须是服务号；
② 必须开通微信支付接口；
③ 服务号和微信支付需要企业认证；
④ 只有通过粉丝关注公众号后才可以完成交易；
⑤ 必须使用 PC 端打理微店后台数据。

扫一扫下载阅看
案例："微信小店"
开店步骤

（2）京东微店：京东微店是京东商城为商户提供的在微信里进行销售的平台，面向所有京东第三方商家开放，为第三方入驻型。订单客户在付款后，金额会转到京东账户上，京东再根据订单数量返款给商家，商家存在于京东的形式是“供应商”。入驻京东微店的条件必须为其旗舰店、专卖店、专营店，个人无法注册。目前，森马、骆驼、特步、达芙妮、读库、华文天下等企业都已在京东微店开通了微店。对于买家而言，京东微店是品质的保证，但对于卖家而言，没有相应的资质则无法利用该平台。京东微信首页如图 7-5 所示。

图 7-5　京东微店首页

京东微店的特点如表 7-2 所示。

**表 7-2　京东微店的特点**

| 特　点 | 特点分析 |
| --- | --- |
| 入驻零成本 | 简化的入驻流程 |
| 运营零成本 | 商家可使用京东数据在后台统一进行京东微店的店铺装修、商品管理和交易管理 |
| 丰富的支付方式组合 | 有微信支付、QQ 钱包支付、网银支付、货到付款等支付渠道，并在后台进行统一结算、退款等操作 |
| 独一无二的流量优势 | 来自京东在微信、QQ 两大入口的中心化流量分发，带来多元化用户群 |
| 多样化的店铺模板 | 京东设有多种店铺装修模板，商家可根据需要自由组合，快捷生成和管理个性化店铺 |

京东微店依托于个人微信、微信公众号的使用，通过微信即可进入京东微店进行购物，步骤为：“打开微信”—“发现”—“购物”。

扫一扫下载阅看
案例：微店与“微信小店”的区别

2）微商城

微商城，又叫微电商、微信商城，是基于微信研发的一款社会化电子商务系统，同时又是一款传统互联网、移动互联网、微信商城、易信商城、App 商城、支付宝商城、微博商城七网一体化的企业购物系统。消费者只要通过微信平台，就可以实现商品查询、选购、体验、互动、订购与支付的线上线下一体化服务模式，微商的城页面如图 7-6 所示。

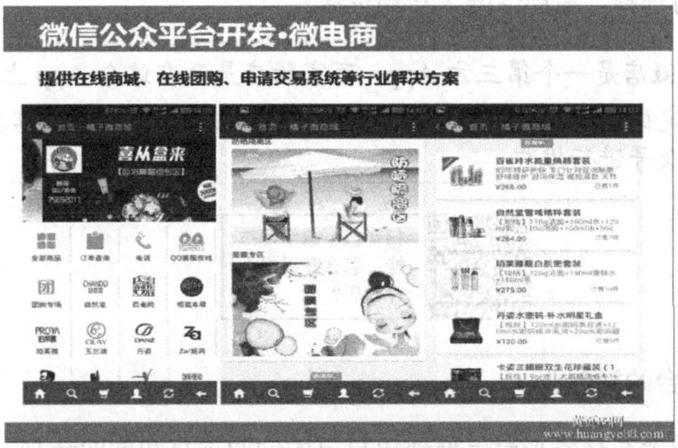


图 7-6　微商城的页面

微商城的优势有以下几点：

（1）商家多一条销售渠道，增加销售额；

（2）快速拓展品牌影响力；

（3）消费者可以直接在微商城下单及支付；

（4）微信是移动互联的主流入口；

（5）微信的优势体现在互动性比较强。

3）微官网

微官网是为适应高速发展的移动互联网市场环境而诞生的一种基于 WebApp 和传统 PC 端网站相融合的新型网站。微官网可兼容 iOS、Android、Windows Phone 等多种智能手机操作系统，可便捷地与微信、微博等网络互动咨询平台链接。简言之，微官网就是适应移动客户端浏览体验与交互性能要求的新一代网站。

微官网的网站页面完全适合移动端设备，而且能够自动识别客户屏幕大小。它的网站内容精简，页面资源小，加载速度快，用户体验好，可以匹配 iOS、Android、Windows Phone 等各大操作系统。对于有数亿微信用户的市场来说，微官网的开发与推广蕴含了不可估量的商业价值。微官网的页面如图 7-7 所示。

图 7-7　微官网的页面

微官网的优势有以下几点：

（1）不用注册域名，较方便；

（2）不用购买空间，较节约；

（3）不用进行网站备案，较省时；

（4）提供在线支付、购物等功能，实现电商目的；

（5）多款页面可选择，拓展性强，布局灵活。

**创业小贴士**　微店是一个第三方 App，商家的店是开在这个 App 上的，需要依靠 App 进行运作，无法绑定微信公众号。微商城是直接建立在微信上的，不需要第三方的 App，但需要通过绑定公众号进行推广。

扫一扫下载学习技能：怎么在手机上开微店？

### 3. 基于众筹平台的微创业

众筹创业是创业者在众筹平台上展现出自己的创业项目和创业计划，从而让投资者相信可以从中获利，给创业者注资来实现创业者的事业。通过这种方法可以很好地从互联网获得资金。众筹创业目前在艺术、影视、硬件、公益等方面都有着数不胜数的成功案例，而且现在参与众筹的用户越来越多，因为大家都非常热衷于在互联网上发现一些新奇好玩的项目，或者找到一些与自己有同样想法的朋友，并为他们出一份力。毫无疑问，众筹创业的成绩已经感染了很多创业者，这也让他们多了一个实现自己梦想的平台。

目前基于众筹创业的融资模式主要分为两类：一种是基于奖励的众筹平台，人们在这些平台上出资支持众筹项目，就可以获得相应的奖励。许多公司都是在这类平台上起步并获得成功的。另一种是基于股权的众筹平台，比较有代表性的是“FundersClub”。投资者在平台上对项目进行资本投资，以股权筹资的方式来融资。

在发起众筹之前，创业团队必须站在投资者的立场上思考，这样才能顺利进行自己的商业计划。此外，创业团队要对产品采用更好的展示方式，这样才能吸引有经验、有实力的投资者。

市场上有专门的众筹网，为支持创业而生，例如“众筹网”，其页面如图 7-8 所示。

图 7-8 “众筹网”页面

**创业小贴士** 股权众筹已成为当今社会上最热话题之一，已被国务院写入政府工作报告。股权众筹的功能之一就是帮助创业者筹人、筹智、筹资源，帮助投资人赚钱。但如何实现这些功能，也是目前整个股权众筹行业的根本性问题。

#### 4. 企业员工兼职创业

企业员工兼职创业，指的是企业内部员工基于本企业的平台，在业余时间通过个人奋斗获得工资以外收入和自身价值的行为。例如家电行业实施“全民微商计划”，国内的家电巨头海尔集团的自主经营体，格力集团及苏宁云商集团给员工建立的“微商城”，使员工可以在自己的微店推销企业商品，从而获得收益。其目的是为了调动员工的积极性，为企业创造新的价值。

### 7.3.3 微创业模式面临的一些问题

（1）目前还没有明确支持微创业的法规政策。因为门槛较低，普通大众可以参与其中，但这也很容易让人以微创业的口号从事打擦边球的商业行为，造成市场混乱。

（2）微创业者缺乏系统和科学的指导。微创业参与者一般都是初次创业者，经验不足，需要更多的指导与帮助，也需要多方共同努力，建立微创业指导培训体系。

（3）目前的微商主要以发展代理或直销的形式存在。然而，随着代理层的不断增加，微商形成了一个庞大的网状结构，许多消费者已经对此产生视觉疲劳，大多数产品无法再引起他们的兴趣。因此，想要挽回消费者，就必须压缩代理层，重用核心代理，建立一套更加清晰的分销体系。另外，相关机构应该加强对产品质量的监管，保证微商销售平台产品的质量问题。

但不容忽视的是，微创业在中国经济未来发展的过程中潜伏着巨大的市场，微创业者要独具慧眼，发现需求马上行动。当然，微创业的成功还需创业者做到两个“转变”：一是“转变心态”，要在执着中外加几分智慧，不断积累知识经验；二是“转变姿态”，从小市场做起，从小细节做起，生存就是发展。

**创业小贴士** 每一个创业梦想都是从“微”开始，微创业是非常好的学习和练习创业的方式。大学生可以通过参与微创业活动，如微创业大讲堂、互联网创业大赛、创业项目路演等方式获得创业支持和帮助。

### 7.3.4 微商对大学生创业的优势

在现如今的高校内，有这样一群创业者，他们虽然没有多少资金，却不乏新思路，敢想敢干。当大多数同学还在把微信、微博当做娱乐社交软件时，他们早已经把微信、微博当成了工具，他们就是大学生微商。由于微商具有前期投入资金少、门槛低、市场前景广阔等优势，已经越来越多地成为大学生的创业首选。大学生微商创业优势体现在以下几个方面。

#### 1. 微商提供了创业舞台

因为微商的门槛较低、成本较低，所以对时间比较充裕的大学生是个不错的创业选择，不仅能锻炼自己的实践能力，还能收获一笔额外经济收入。

**实例：**大三学生小刘表示，当初想到做微商是想自己尝试一下，同时也充实自己的大学生活。作为面膜代理商的她认为，微信营销选择产品很重要，一定要选择可持续购买的消耗品，否则就很难做大，无法产生循环购买的产品不太可能赚到钱。说到收入问题，小刘笑着说：“我只能说收入比较可观，因为身边的朋友同学都需要使用这些产品，而我只是分享了自己的亲身体验，她们便都在我这里购买，甚至很多人都成了我的代理。”

同样是大学生的小徐，在拿下金迪总代理之前只能靠自己做做兼职赚点零用钱。由于家庭经济条件有限，只能找到同样有创业梦想的同学一起拿下总代理授权书。他说：“我之所以这么信任某品牌，不仅仅是他们的产品效果很好，更重要的是他们有专业的团队，高质量的培训课程，可以手把手地教我。按照他们的方法，我做了一些宣传海报，只要扫二维码加微信就可以订购产品，而且还提供送货上门服务，所以受到了不少用户的青睐。现在我们已经有了自己的团队。相信我们只要努力，用不了多久，团队就会越来越大。”

#### 2. 学校和老师支持学生创业

面对国内严峻的就业形势，很多大学生在校期间就开始做各种兼职或者进行创业，大学生微商已是校园里比较普遍的一种现象。作为一种社会实践活动，在平衡好学业和社会实践的基础上，学校和老师是支持学生积极参与的。通过做微商，大学生不仅可以积累社会经验，也为将来的社会创业打下了一定的基础，对大学生们是个不错的锻炼方式。不过大学生做微商也要合理地管理好自己的时间，不要让学习和社会实践相冲突。

### 3. 自身能力成就创业

大学生作为一个敏锐的群体，在校接受高等教育，对当代最新的发展形势有很好的了解和认识，具有自己独特的见解。他们敢于创新、勇于实践的特质，也让他们对微商有了自己的一套经营模式和管理方式。对于大学生而言，宽松开放的学习氛围也有助于他们在闲暇的课余时间进行创业活动。

#### 故事分享 22 “水果哥”凭借微店月入 4 万

许熠是石家庄经济学院（下称石经院）的一名大学生，3 个月里，他和他的微信水果店“优鲜果妮”在石经院火了一把。作为一名大学生，许熠的创业灵感来源于为女友送早餐的偶然经历。“石经院共有学生 1.7 万名，其中女生 6 000 多名。”许熠强调，“女生几乎每天都要吃水果，如果按每个女生一个月 50 元消费来估算，微信卖水果大有赚头。”

开业之初，许熠的“优鲜果妮”生意并不好做，常常等上一天才有一笔几元的订单，经过思考，原来是没有足够多的“好友”。许熠和他的同学采用“扫楼”的方式来增加好友，他们将印制的市场宣传单、广告册发到学校的教学楼、食堂、宿舍楼；利用课间 10 分钟在各个教室播放“优鲜果妮”宣传短片……经过 3 个月的“扫楼”等方式的宣传，“优鲜果妮”的关注人数达到 4 920 个，这些用户多为许熠的同学。针对这点，许熠经常推出个性产品，通过各类水果组成的“考研套餐”“情侣套餐”“土豪套餐”频频吸引同学们的眼球。此外，许熠的微信平台还会不时推送天气预报或失物招领信息来吸引“粉丝”。目前，“水果哥”已经实现了 4 万/月的收入。（资料来源：微信营销成功案例，http://blog.sina.com.cn/，2014.4）

**启示：**（1）做微店，最主要的就是海量用户和营销推广；（2）做营销，内容至关重要，同时也要讲究方法和技巧。

#### 故事分享 23 招商总监的成长

“90 后”小姑娘宋楠实现了自己的创业梦。她凭借着一双手、一部手机和微信这个平台，完成了从身无分文的学生转型成为月收入数万元、全国拥有 100 多位代理的壹周期华东区招商总监的完美跨越。2014 年，宋楠从学校毕业后，父母认为她年龄尚小不适合去找工作，决定让她继续求学深造，于是把她送到上海学习商务英语。当时宋楠心里的目标是考 BEC，以后去外企工作，做一个朝九晚五的都市女白领。

宋楠在上学时很喜欢玩微信，经常用微信与家人、朋友、同学聊天，后来在看朋友圈的时候无意中看到有个微商刷屏，炫耀自己月收入过万、招收代理的消息。宋楠对他的产品很好奇，便买来试用，使用后发现效果很好，于是就想试着做代理看看，赚点零花钱。当时代理要求缴纳代理费 2 000 元，宋楠当时还是学生，没有那么多钱。所幸男朋友对此表示支持，将 2 000 元打给宋楠，并告诉她“不管是亏是赚，都当做人生的一次历练。”有了男友的支持，宋楠便更加坚定了自己做微商的选择。让宋楠意想不到的是，第一个月她的净利润便超过万元。宋楠第一次体会到赚钱的快乐，也开始筹划将自己的微商事业做大。

宋楠开始招募分销员，组建微商团队。她了解到移动互联网的市场很大，自己光零售是不够的，要想做大生意，就要招更多的分销员，组建团队。她开始花更多的时间研究怎么卖货、怎么培养代理，除了学习外她把所有的心思扑在了微商事业上。宋楠在做微商 8 个月后购买了人生的第一辆汽车，并成立了有 100 多位代理的团队。随着团队的壮大，宋楠的团队在微商圈中的发展也小有名气。这时，宋楠又加入壹周期品牌，她不仅成为了壹周期的品牌代理，同时也被任命为壹周期华东区的招商总监，这让她在微商中的发展越来越红火。（有修改，原文来源：“90 后”微商的创业故事，U88 加盟网）

启示：微商创业要点：（1）找准格调；（2）保证质量；（3）互动传播；（4）品牌微商；（5）用心交友。

## 技能训练 7

**实训目的：**

让学生加深认识网络创业和微创业的内容；熟悉微创业模式；提升网络营销能力。

**实训项目：**

每个创业小组选择几种家乡特产，利用微信小店进行创业，建店、上架，在朋友圈和 QQ 群进行营销推广，然后根据销售额进行排名。另外每个小组在实训结束后把创业的微店、创业体会制作成 PPT，与同学们分享，内容包括：

（1）微店名称、微店的店铺框架、商品信息；

（2）营销活动、经营情况分析；

（3）创业体会和感想。

**实训要求：**微信小店创业时间以一个月为经营周期，结束后进行考核评价，考核评价表如表 7-3 所示。

表 7-3　考核评价

| 考核内容 | 评价标准 | 分值（分） | 评分 | | | |
|---|---|---|---|---|---|---|
| | | | 自评（20%） | 小组（40%） | 教师（40%） | 合计（100%） |
| 创业准备 | 准备充分；分工合理 | 10 | | | | |
| 创业过程 | 纪律表现良好；积极认真 | 20 | | | | |
| 赢利情况 | 赢利金额 | 40 | | | | |
| 总结汇报 | 具有合理性，体现出对创业的认识和体会 | 30 | | | | |
| 合计 | | 100 | | | | |

# 参考文献

[1] 陈记红，林春生. 大学生生活指南. 北京：中国科学技术出版社，2009.

[2] 熊琦. 大学学习导论. 长沙：湖南科学技术出版社，1995.

[3] 郭绍生. 大学学习与生活. 福州：福建人民出版社，2008.

[4] 王文桂. 大学学习指导. 北京：金城出版社，2003.

[5] 周航. 大学生就业与创业. 重庆：西南师范大学出版社，2008.

[6] 何建湘. 创业者实战手册. 北京：中国人民大学出版社，2015.

[7] 尹剑锋. 辞职吧，创业去. 贵阳：贵州人民出版社，2012.

[8] 辛保平，等. 老板是怎样炼成的. 北京：清华大学出版社，2005.

[9] 邓文达，邓朝晖，李一. 大学生创新创业. 北京：人民邮电出版社，2016.

[10] 周锡冰. 浙商教你成功创业. 北京：中国纺织出版社，2015.

[11] 唐东方，等. 战略选择 框架・方法・案例. 北京：中国经济出版社，2015.

[12] 布鲁斯・R・巴林格，R・杜安・爱尔兰. 张玉利，王伟毅，杨俊，译. 创业：成功创建新企业. 北京：机械工业出版社，2006.

[13] 尹小娟. 大学生创新思维与创业基础. 西安：西北工业大学出版社，2016.

[14] 创业天下杂志. 别辜负资金的热情——创业融资的良心建议. 福州：福建人民出版社，2012.

[15] 杨宜. 中小企业投融资管理. 北京：北京大学出版社，2016.

[16] 洪峥. 创业融资最佳模式. 广州：广东经济出版社，2014.

[17] 孙洪义. 创新创业基础. 北京：机械工业出版社，2016.

[18] 马广水. 创新创业基础. 北京：高等教育出版社，2016.

[19] 由建勋. 创新创业实务. 北京：高等教育出版社，2016.

[20] 兰德尔・品科特. 创业狂：我是特朗普接班人. 北京：金城出版社，2011.

[21] 天野畅子. 不说话就赢的企划术：打造必胜商用文本. 北京：世界图书出版社，2011.

[22] 布鲁斯. R. 巴林杰. 创业计划——从创意到执行方案. 北京：机械工业出版社，2009.

[23] 李红梅. 市场营销实务（第 2 版）. 北京：电子工业出版社，2015.

[24] 马广永. 创新创业基础. 北京：高等教育出版社，2016.

[25] 张耀辉，朱锋. 创业基础. 广州：暨南大学出版社，2013.

[26] 景宏磊，李海婷. 创新引领创业——大学生创新创业教程. 北京：中国石油大学出社，2016.

[27] 杨安. 创业管理——大学生创新创业基础. 北京：清华大学出版社，2011.

[28] 斯蒂芬・P・罗宾斯，玛丽・库尔特. 孙健敏，黄卫伟，王凤彬，等译. 管理学（第 9 版）. 北京：中国人民大学出版社，2008.

[29] 加里・德斯勒，曾湘泉，译. 人力资源管理. 北京：中国人民大学出版社，2012.

[30] 蒋键. 创业管理与实务. 上海：上海交通大学出版社，2016.

[31] 刘丹. "互联网+" 创业基础. 北京：高等教育出版社，2016.

[32] 陈鹏全. 微商，下一个淘宝. 广州：广东经济出版社，2015.

[33] 徐张生. 互联网+传统企业互联网+转型实战完全攻略. 北京：北京理工大学出版社，2015.

[34] 鲍泓. 网上创业——基于大学生的“精益创业”指导. 上海：华东师范大学出版社，2016.

[35] 廖海华，邹燕娇. 高等教育大众化背景下大学生就业观的误区及引导. 思想政治教育研究，2012（04）.

[36] 丁永刚. 现今大学生就业观存在的误区及引导对策. 青海社会科学, 2008（03）.

[37] 白新刚. 纠正当前时期下大学生就业观偏差的几点建议. 改革与开放, 2011（10）.

[38] 隋艳，武云飞.大学生自主创业的财务管理问题及对策. 经管研究, 2016（08）.

[39] 吕宴娇. 大学生在创业过程中的财务策略分析. 时代经贸，2017（05）.

[40] 李海东. 大学生创业项目选择的方法与途径. 现代商业，2014（2）.

[41] 袁立. 基于创业企业风险管理研究. 现代商业，2017（04）.

[42] 李振园，陈慧锦.基于 SWOT 分析法浅谈大学生微商创业发展. 科技资讯, 2016（04）.

# 反侵权盗版声明